Volker Drewes

Abschied vom Leben

Beratung von Angehörigen Sterbender

Vandenhoeck & Ruprecht

Bibliografische Information der Deutschen Nationalbibliothek
Die Deutsche Nationalbibliothek verzeichnet diese Publikation in der
Deutschen Nationalbibliografie; detaillierte bibliografische Daten sind
im Internet über http://dnb.d-nb.de abrufbar.

ISBN 978-3-525-67010-1
eISBN 978-3-647-67010-2

Satz: SchwabScantechnik, Göttingen
Druck und Bindung: ⊕ Hubert & Co, Göttingen

Inhalt

Vorwort

Wenn die ganze Aufmerksamkeit auf den Sterbenden gerichtet wird, ist oft kein Blick frei für die Bedürfnisse der helfenden Angehörigen. Aber nicht nur die Sterbenden sind in ihren Empfindungen oft einsam, isoliert und hilfebedürftig, sondern auch jene, die sie auf ihrem letzten Lebensweg begleiten wollen. Was den Angehörigen bevorsteht, erfüllt sie mit Unruhe und Unbehagen, es ängstigt sie, kann sie lähmen, handlungsunfähig machen.

Wer sich in solchen Situationen einer Beraterin oder einem Berater anvertraut, wünscht sich, Hilfe bei der Aufgabe zu finden, andere über eine Schwelle zu begleiten, Mut und Vertrauen zugesprochen zu bekommen, um so beruhigt auf das Bevorstehende zugehen zu können.

Dieses Buch richtet sich an Seelsorgerinnen und Seelsorger, Krankenschwestern und Krankenpfleger, Hospizhelferinnen und Hospizhelfer, die sich als Berater jenen Angehörigen zuwenden, die einen Menschen im Sterbeprozess begleiten. Aber auch die Angehörige finden in diesem Buch Anregungen, ihre Situation besser zu verstehen und damit erträglicher zu machen.

Bad Hersfeld, im Juni 2009 Volker Drewes

Zur Vereinfachung wird bei allen Formen nur die männliche Form verwendet. Die weibliche Form ist immer mit eingeschlossen.

1. Einleitendes Beispiel

Frau G. war 63 Jahre alt und litt an einer unheilbaren Blutkrankheit.

Nach mehreren ambulanten Bluttransfusionen in der Praxis des Onkologen wurde sie ins Krankenhaus verlegt.

Dort lernte ich sie und im weiteren Verlauf ihres Aufenthaltes ihren Mann, ihre Tochter, den Schwiegersohn und die Enkeltochter kennen.

Eines Tages besuchte ich Frau G., die in einem großen Zimmer mit einer Wohneinheit (Schlafsofa, Couchtisch und zweitem Bett für Angehörige) lag. Sie schlief fest.

Ihr Mann saß auf dem Sofa und las Zeitung.

Als er mich zur Tür hereinkommen sah, gab er mir Zeichen, ich solle draußen bleiben, er käme heraus. Es war der erste Kontakt mit Herrn G. und nach einer kurzen Begrüßung platze es aus ihm heraus: »Was haben Sie mit meiner Frau gemacht? Als ich vorgestern zu ihr ins Zimmer kam, war sie völlig aufgelöst. ›Der Pfarrer soll mich nicht mehr besuchen. Er hat mir alle Hoffnung genommen!‹ hat sie gesagt. Es ist nicht Ihre Aufgabe, Hoffnung zu nehmen, sondern Hoffnung zu geben! So geht das nicht! Ich werde Sie nicht mehr zu meiner Frau lassen! Sie will sie nicht mehr sehen! Im Übrigen verlassen wir bald dieses Haus!«

Während dieser Sätze zupfte Herr G. an allen Kleidungsstücken und wippte mit den Füssen hin und her, so als wolle er über sich selbst hinauswachsen.

Ich versuchte ihn zu beruhigen:

»Herr G., Sie dürfen mir glauben, dass ich Ihrer Frau in keiner Weise ihre Hoffnung nehmen wollte und es auch nicht getan

habe. *Aber als Ihre Frau vorgestern so matt und müde auf dem Sofa saß und enttäuscht wirkte, weil sie es nicht länger als 48 Stunden zu Hause ausgehalten hatte, habe ich sie gefragt, ob es nicht hilfreicher sei, nicht soweit in die Zukunft zu schauen, sondern lieber den einzelnen Tag zu genießen. Dann könnten es bis zu Ihrer Goldenen Hochzeit noch viele schöne Tage sein! Aber wie sehen Sie es denn? Wie geht es Ihnen denn mit der Krankheit Ihrer Frau? Haben Sie sich schon mit der Krankheit Ihrer Frau auseinandergesetzt?«*

»*Natürlich!*« *sagte Herr G. immer noch sehr erregt.* »*Ich weiß, dass meine Frau nicht mehr lange leben wird. Das hat mir der Doktor schon gesagt. Aber er hat auch gesagt, dass niemand voraussagen kann, wann es so weit ist. Also warten wir ab und lassen uns die Hoffnung nicht nehmen.*«

»*Gut!*« *antwortete ich.* »*Vielleicht verstehen Sie dann, warum ich Ihre Frau bat, nicht zu weit in die Zukunft zu schauen, um diese nicht mit zu hohen Erwartungen zu befrachten. Ihre Frau wird von Tag zu Tag schwächer. Zwar wird mit jeder Bluttransfusion das Gefühl vermittelt, es ginge wieder aufwärts, aber die Zeitabstände, in denen die Transfusion zugeführt wird, werden immer kleiner, bis eines Tages auch dies nicht mehr ausreicht. Sie haben dies sicherlich auch schon gemerkt!*«

»*Ja.*« *sagte Herr G.* »*Gerade in der letzten Zeit waren wir häufiger in der Praxis vom Doktor, weil es meiner Frau immer schlechter ging, durch diese Schwächeanfälle. Die letzten Transfusionen hielten nur 8 Wochen an. Und nun sollte sie immer ins Krankenhaus kommen, das wäre für uns besser, hat der Arzt gesagt. Aber ich bin kein Krankenhausmensch. Ich halte das hier nicht aus. Doch wenn ich nicht mitgehe, dann fühlt sich meine Frau einsam. Sie bettelt dann, dass ich hier bleiben soll. Ich tue ihr den Gefallen, aber ich suche immer nach Gründen, warum ich wieder weg muss. Und jetzt kommen Sie und nehmen ihr noch die letzte Hoffnung.*«

»*Nein, Herr G. Das stimmt so nicht. Ich habe vermutlich etwas in ihrer Frau angesprochen, was sie schon längst weiß. Ihre Frau ahnt mehr als Sie und ich und alle anderen zusammen. Ihre Frau weiß um ihre begrenzte Zeit, nur sie will bzw. wollte es*

*sich nicht eingestehen. Ich kann das gut verstehen, aber gleich-
zeitig weiß ich auch, dass die Folgezeit sehr schwer wird, wenn
Sie beide nicht ehrlich miteinander ins Gespräch kommen. Und
dazu gehört auch, dass Sie Ihrer Frau eingestehen, dass Sie nicht
gern ins Krankenhaus gehen, dass Sie es aber ihr zuliebe tun,
um sie nicht allein zu lassen. Dazu gehört, dass Sie mit Ihrer
Tochter, dem Schwiegersohn und vielleicht auch mit der Enkeltochter über Ihre Situation als Ehemann und Vater sprechen,
über Ihre Gefühle zu Ihrer Frau, zur Familie. Und dazu gehört
vor allem, dass Sie von Ihren Ängsten und Ihren Traurigkeiten
sprechen, die Sie in sich tragen. Jedenfalls vermute ich mal, dass
Sie sehr traurig sind, weil Ihre Frau so krank ist. Und noch etwas
gehört zu allem, dass Sie zu Ihren Hoffnungen stehen, die Sie in
sich tragen, Hoffnungen, die über die Leidenszeit hinausgehen.«*

*Herr G. hörte auf, an seiner Kleidung zu zupfen und ständig
mit den Füssen zu wippen. Stattdessen holte er ein Taschentuch
aus seiner Hosentasche, um sich Tränen aus den Augen zu wischen:* »*Ich war mir so sicher, dass wir unsere Goldene Hochzeit
noch feiern würden, aber als meine Frau jetzt zuhause war und
dann lieber wieder ins Krankenhaus zurück wollte, habe ich
gespürt, dass wir die Zeit nicht mehr haben. Ich werde mit den
Kindern sprechen, aber was soll ich jetzt hier machen? Was soll
ich meiner Frau sagen?*«

»*Sagen Sie ihr, dass ich sie besuchen wollte, aber sie sehr
tief und fest geschlafen hätte, so dass wir draußen miteinander
gesprochen hätten. Sagen Sie ihr, welche Hoffnungen Sie haben
und dass ich sie mit Ihnen teilen würde. Und dass es mir nicht
darum gegangen sei, ihre Hoffnungen zu zerstören, sondern ihre
Gedanken auf die Gegenwart zu lenken, um darin Hoffnung zu
schöpfen. Fragen Sie sie, ob ich sie mal wieder besuchen dürfe.
Hinterlassen Sie bitte die Nachricht im Schwesternzimmer, falls
wir uns nicht auf dem Flur sehen sollten oder wenn Sie möchten, rufen Sie mich zu Hause an. Hier ist meine Telefonnummer! Ich wünsche Ihnen viel Kraft für das Gespräch, aber ich
bin mir sicher, dass es hinterher für sie beide leichter wird.*«

*Zwei Tage nach diesem Gespräch fand ich im Schwestern-
zimmer die Nachricht, dass ich Frau G. besuchen sollte. Als ich*

ihr Zimmer betrat, saß ihr Mann am kleinen Tisch und löste Kreuzworträtsel.

Frau G. lag im Bett und döste vor sich hin.

Herr G. sprang sofort auf und ging an das Bett seiner Frau: »Schatz, sieh mal, wer gekommen ist!« Mit diesen Worten stellte er das Kopfteil des Bettes seiner Frau hoch.

Ich begrüßte Frau G. mit den Worten: »Hallo Frau G. Ich wollte mal wieder bei Ihnen vorbei schauen. Ihr Mann hat Ihnen sicherlich von meinem letzten Besuch erzählt. Sie haben an dem Tag so tief und fest geschlafen, dass Ihr Mann und ich uns dann draußen unterhalten haben. Wie ich sehe, geht es Ihnen nicht gut! Dann hilft es Ihnen sicherlich, dass Ihr Mann jetzt da ist!«

Frau G. drehte langsam den Kopf zu mir, und ich stellte fest, dass ihre Augen durch mich hindurchschauten. Sie konnte nicht mehr sprechen.

»So geht es seit heute Nacht!« sagte Herr G. »Gestern haben wir noch über alles gesprochen. Ich habe ihr von unserem Gespräch erzählt und sie hat auch ganz zufrieden genickt, als ich ihr von Ihrem Hoffnungsbegriff erzählte – dass wir nur den einzelnen Tag leben sollten. Und heute Nacht, ich schlafe jetzt auch hier im Zimmer, hat sie mich gerufen und danach konnte sie auf einmal nicht mehr sprechen. Der Doktor meint, es könnte ein kleiner Schlaganfall gewesen sein. Jedenfalls hat er gleich alles unternommen, damit es ihr besser geht, nicht wahr Schatz!?«

Frau G. drehte langsam den Kopf zu ihrem Mann und versuchte zu nicken. Dabei schaute mich Herr G. sehr eindringlich an, so als wollte er fragen: Ist das schon das Ende?

Ich sagte: »Herr G. und Frau G., es ist gut, dass Sie hier sind. Wir können alle nicht vorausschauen, was sich entwickelt, aber in einem können Sie sicher sein, Sie werden nicht allein gelassen. Das Team der Station und auch ich werden für Sie da sein. Sie sagen uns bitte, was Sie von uns wünschen. Was wir ermöglichen können, werden wir tun.«

Von diesem Tag an kümmerte sich Herr G. voller Hingabe um seine todkranke Frau.

So ging es 14 Tage. Der Gesundheitszustand von Frau G.

verschlechterte sich zunehmend und auch Herr G. wurde schon bald an seine Grenzen geführt.

In dieser Zeit hatte ich auch ein Gespräch mit seiner Tochter Conny und deren Ehemann, die ich zufällig im Eingangsbereich der Klinik traf. Die Begrüßung war herzlich und voller Offenheit. Ich drückte mein Mitleid über die Situation ihrer Mutter aus, doch die Tochter sagte:

»Über die Situation meiner Mutter mache ich mir weniger Sorgen. Wir haben uns schon seit einigen Monaten, ja, seit wir die Diagnose kennen, mit dem baldigen Tod meiner Mutter auseinander gesetzt. Nur meine Eltern wollten es nicht wahrhaben. Sie redeten immer wieder von ihrer Goldenen Hochzeit in fünf Jahren, die sie dann groß feiern wollen. Erst jetzt, nach dem Gespräch mit Ihnen, hat mein Vater eingeräumt, dass er nur noch wenig Hoffnung habe. Und seitdem macht er mir mehr Sorgen als meine Mutter! Sie wird bald sterben, das spüre ich, aber mein Vater, der reibt sich auf, will ihr immer noch alles machen, dabei hasst er Krankenhäuser. Wenn er dann zu Hause ist, darf ich nichts machen. Er will dann Wäsche waschen, aufräumen, manchmal sogar kochen, wenn er Susanne von der Schule abgeholt hat. Von ihm geht eine Hektik aus, dass ich manchmal denke, wenn er nicht aufpasst, stirbt er schneller an einem Herzinfarkt als meine Mutter am Blutkrebs. Vielleicht können Sie noch einmal mit ihm reden.«

»Nun, ich werde ihn kaum überzeugen können, seinen Lebensrhythmus zu ändern, aber vielleicht können wir ja gemeinsam überlegen, was beiden, Ihrem Vater und Ihrer Mutter, gut tut. Und Sie sprechen mich bitte auch an, falls Sie eine Veränderung bei Ihrem Vater feststellen, und falls Sie persönlich jemanden zum Sprechen brauchen. Sie wissen ja, wo Sie mich finden.«

Seit diesem Tag beobachtete ich Herrn G. sehr genau. Um seinen Lebensrhythmus aber nicht ganz durcheinander zu bringen, erstellten wir zusammen einen Plan, der ihm die Möglichkeit gab, das Krankenhaus ohne schlechte Gefühle zu verlassen: Nach dem Frühstück und dem Waschen seiner Frau verließ Herr G. bis zum Mittagessen das Krankenhaus, in der Gewiss-

heit, dass ihn das Stationspersonal über sein Handy informieren würde, wenn es seiner Frau schlechter ginge. Er meldete sich im Stationszimmer ab bzw. wieder an, wenn er wieder zurück war.

Zuhause kümmerte er sich um die Wäsche und den Haushalt oder traf sich mit Freunden in der Stadt. Das Mittagessen nahm er mit seiner Frau ein, solange sie noch schlucken konnte. Später, als sie künstlich ernährt werden musste, kam er zur Mittagszeit und ließ sich vom Krankenhaus »bekochen«. Nach dem Mittagessen machte er neben seiner Frau einen Mittagsschlaf, um dann nachmittags den Besuch seiner Frau zu empfangen oder noch einmal wegzugehen.

Zum Abendessen war er wieder in der Klinik, und mit seiner Frau sah er dann fern. Mit all seinen Möglichkeiten unterstützte er das Pflegepersonal. Bis dieses eines Tages sagte: »Herr G. jetzt denken Sie bitte mal an sich!«

Auch bei meinen Besuchen ging es nicht nur um Frau G., sondern immer mehr um die Überforderung von Herrn G. Inzwischen hatte ich erkannt, dass es Herrn Gs. Versuch war, mit seiner Trauer umzugehen, und er immer ruhiger wurde, je länger er sich mit der Krankheitssituation seiner Frau auseinander setzte. Und so ermutigte ich ihn, seinen Rhythmus beizubehalten, auch wenn es ihm schwer fiel, seine Frau in den Morgenstunden allein zu lassen. Einmal sagte er:

»Ich ertappe mich doch tatsächlich dabei, dass ich auf den Tod meiner Frau warte! Ist das nicht schrecklich? Ich fühle mich so hilflos, so leer, so erledigt, dass ich mir nichts sehnlicher wünsche, als dass es vorbei sei. Und dann habe ich ein schlechtes Gewissen. Einerseits ist mir meine Frau ganz nah und dann doch wieder ganz fremd. Was kann ich nur tun, damit das anders wird?«

An diesem Tag setzte ich mich mit ihm an das Bett seiner Frau, und wir machten eine Reise in die Vergangenheit, denn ich bat Herrn G. von dem zu erzählen, was er und seine Frau früher gern gemeinsam gemacht haben.

Plötzlich sprudelte es aus ihm heraus, die vielen Urlaube, die Geburt der Tochter und der Enkeltochter, der Bau des kleinen Häuschen, die Schwiegereltern, die ihnen das Leben zuerst nicht *leicht gemacht hätten, aber später froh gewesen seien, so einen Schwiegersohn zu haben. Mit jeder kleinen Geschichte der Vergangenheit, sie waren meistens positiv besetzt, entspannte sich Herr G., und Frau G. konnte sogar manchmal lächeln. Aber auch bei den Ereignissen, die in seinen Augen weniger angenehm waren, wie zum Beispiel der Verlust des ersten Kindes oder sein Eingeständnis, dass er mit seiner Hektik manchmal die ganze Familie zur Weißglut gebracht hätte, konnte vergebend gelächelt werden.*

Wenige Tage nach diesem Gespräch fiel Frau G. ins Koma.

Da rief mich ihre Tochter Conny an und bat um ein Gespräch.

Es ging ihr um die Frage, ob sie mit ihrer Tochter Susanne noch einmal zur Oma gehen solle oder ob es für das Kind nicht besser sei, die Oma in einer anderen Erinnerung zu behalten. Herr G. hatte ihr weder zu noch abgeredet, aber ihr irgendwie das Gefühl vermittelt, dass es doch wohl schön sei, wenn alle noch einmal von der Oma Abschied nehmen könnten. Ich ermutigte die Tochter der Frau G. dazu, gemeinsam mit ihrer Familie die komatöse Oma zu besuchen. Frau G. würde schon spüren, dass alle da wären, um sich von ihr zu verabschieden und dass könne den Sterbeprozess vielleicht erleichtern. Ich erklärte mich bereit, wenn es gewünscht würde, auch da zu sein. Vielleicht könnte ich ja auch noch einmal mit der Jugendlichen sprechen.

So trafen wir uns alle am Bett der sterbenden Frau G. Die Trauer war groß, aber zugleich herrschte ein starkes Gemeinschaftsgefühl.

Susanne legte Frau G. ein Bild in die Hand, das sie in den letzten Tagen gemalt hatte und das die Oma vor einem sonnenumfluteten Hintergrund zeigen sollte. Conny hatte den Kopf der Mutter im Arm und streichelte ihn, während der Schwiegersohn mit seinem Schwiegervater am Fußende des Bettes standen und leicht die Füße der Sterbenden massierten. Nach einiger Zeit gingen dann der Schwiegersohn, die Enkeltochter und ich aus dem Zimmer und setzten uns in den Flurbereich. Dort unterhielten wir uns über den Zustand der Frau G. Susanne konnte noch nicht so ganz begreifen, dass die Oma sterbend war. Immer wieder sagte sie: »Oma schläft doch, die wird bestimmt bald wieder wach!«

Ich versuchte ihr zu erklären, dass es gut sei, dass die Oma nun ganz tief schläft, keine Schmerzen habe und dass sie nun schon auf dem Weg zu Gott sei. Aber es sei natürlich traurig, dass sie nun nicht mehr die Goldene Hochzeit feiern könnten, von der die Oma doch immer so geschwärmt hätte, und es tut weh, dass die Oma nun nicht mehr das Mittagessen kocht, wenn Susanne aus der Schule kommt, sicherlich schmerzt es, jetzt nicht mehr mit der Oma knuddeln zu können, aber in ihrem Herzen würde die Oma doch weiterhin leben und immer lebendig sein.

Da sagte ihr Vater plötzlich: »Im Kindergottesdienst habt ihr doch auch schon mal über das Thema Ostern gesprochen!« Susanne nickte. »Und genau das, was Jesus dort erlebt hat, das erlebt jetzt Oma! Sie geht zu Gott!«

Susanne blickte mich fragend an; ich sagte nichts, ich nickte nur zustimmend. Sie ergriff die Hand ihres Vaters und sagte:

»Dann, Papa, bring mich jetzt zu meiner Freundin. Ich will mit ihr spielen!« Susanne wollte nicht noch einmal in das Krankenzimmer und fuhr mit ihrem Vater fort.

Am nächsten Tag verstarb Frau G. im Kreis derer, die sie in der letzten Zeit begleitet hatten.

Ein Jahr nach diesem Ereignis stellte mir Herr G. seine neue Lebensgefährtin vor. Er hat sein kleines Häuschen verkauft und ist nach Süddeutschland gezogen. Seine Tochter arbeitet weiterhin sehr engagiert als Kirchenvorsteherin und Lektorin. Susanne ist konfirmiert.

2. Besonderheiten der angesprochenen Personengruppe

Während einer Fortbildungsveranstaltung sagte eine im Krankhaus tätige Ärztin:

»Angehörige stören im Klinikalltag und werden in deutschen Krankenhäusern von den Ärzten nicht gern gesehen. Nur am Ende, wenn der Patient entlassen werden soll, spielen sie eine Rolle. Daher sollte Seelsorge einen Raum für Angehörige schaffen, in dem sie auf ihrem beschwerlichen Weg begleitet werden.«

2.1 Angehörige und Bezugspersonen

»Als Angehörige gelten Verwandte und Verschwägerte in auf- und absteigender Linie, auch wenn die Beziehung auf nichtehelicher Natur beruht, Adoptiv- und Pflegeeltern und -kinder, Ehegatten und deren Geschwister, Geschwister und deren Ehegatten und Verlobte«. So werden juristisch Angehörige definiert (Deutsches Strafgesetzbuch, § 11).

Allerdings hat sich die gesellschaftliche Situation dahingehend verändert, dass die engeren Angehörigen häufig nicht in verwandtschaftlicher Nähe der Patienten zu finden sind, sondern es sich um Menschen handelt, die in einem besonderen Beziehungsgeflecht zum Sterbenden stehen.

Jeder Mensch verfügt über ein eigenes und persönliches Netz von Beziehungen. Innerhalb dieser Verflechtungen können Beziehungen enger sein, als die juristischen Definitionen sie erfassen. Gerade aus familiären Gründen (Konflikte,

Unverständnis usw.) werden Außenbeziehungen gesucht, die wesentlich tragfähiger erscheinen. Freundschaften, Kameradschaften, Zugehörigkeiten zu Vereinen und Organisationen werden zu lebenswichtigen und bedeutsamen Inhalten des Lebens.

So treten plötzlich Menschen am Bett eines Sterbenden auf, die nicht zum verwandtschaftlichen Geflecht des Sterbenden gehören, die sich aber nicht minder um den Patienten kümmern. Sie sind nicht selten über das gesamte Umfeld des Patienten informiert und vermitteln daher den Eindruck, sie hätten einen familiären Bezug zum Patienten. Sie berichten aus seinem Leben, beschreiben seinen Werdegang, zeichnen ein Bild seines Wesens und sind über einzelne intime Details informiert. Aber sie sind deswegen noch lange nicht eine »echte Bezugsperson« auf die sich der Patient in entscheidenden Phasen der Entwicklung seines Sterbeprozesses »bezieht«.

Diese bunte Mischung von »Angehörigen« macht es manchmal schwer herauszufinden, wer den direkten Bezug zum Patienten hat.

2.1.1 Bezugspersonen

Echte Bezugspersonen sind Menschen, die vom Sterbenden in seinem Reflexionsprozess über Leben und Tod einbezogen werden. Ihre Beziehung zeichnet sich durch seelische Vertrautheit aus, die sehr intim ist.

Die Bezugsperson und der Sterbende sind einander sehr eng vertraut, sie kommunizieren offen oder verschlüsselt, tauschen verbale und auch nonverbale Zärtlichkeiten aus, kennen geheime Ausdrucksweisen.

Der Sterbende berichtet dieser Person von seinen Träumen, von seinen Ängsten und Hoffnungen. Sie weiht er ein in den Abschiedsprozess, teilt mit, was er sich wünscht und ersehnt. Ihr vertraut er seine innersten Gefühlsregungen an.

Diese Bezugsperson, in ganz seltenen Fällen sind es mehrere, gehört zum inneren Kreis des Sterbenden. Ihr gilt die erste Aufmerksamkeit, gefolgt von jenen Menschen, die auf ihre Art und Weise Kontakt mit dem Sterbenden pflegen.

Darum werden im Folgenden all jene mit »Angehörige« bezeichnet, die in irgendeiner Form eine bedeutende, entscheidende oder funktionale Rolle im Leben des Sterbenden gespielt haben, sei es in verwandtschaftlicher, freundschaftlicher, kollegialer, helfender oder begleitender Art.

2.2 Gefühle der Angehörigen

Das eigene Alter schön gestalten, nachholen, was man meint versäumt zu haben und nach Möglichkeit »irgendwann einmal« einen schnellen und schmerzlosen Tod, das wünschen sich die meisten Menschen. Die Begleitung eines Sterbenden über einen längeren Zeitraum hinweg und als Angehöriger diesen Sterbeprozess mitzuerleben, ist in diesen Vorstellungen nicht enthalten. Dementsprechend haben Angehörige ihre »besonderen eigenen« Gefühle.

2.2.1 Versuchte Sachlichkeit

Wenn ein Patient, der an einer schweren Krankheit leidet, stationär aufgenommen wird, geraten die Bedürfnisse der Angehörigen nach Information und Unterstützung oft in den Hintergrund, weil eine rasche Diagnose und ein schneller Therapiebeginn erste Priorität haben. Die Pflegepersonen haben den Erstkontakt und bei Sterbenden meist täglichen Kontakt mit den Angehörigen, wenn diese den Patienten im Krankenhaus besuchen oder begleiten.

Es ist dabei fest zu stellen, dass sich die meisten Angehörigen zuerst sachliche Informationen über den Gesundheitszustand des Patienten wünschen. Diese Informationen dienen ihnen dazu, auf einer sachlichen Ebene ihre Gefühle in den Griff zu bekommen.

2.2.2 Stummer Schmerz

Nicht selten werden Angehörige erstmalig mit einem Krankenhausaufenthalt und seinen Gesetzmäßigkeiten konfrontiert. Der ungewohnte Ort, der Arbeitsalltag einer Station, die
Sorge um den Patienten: das alles führt zu Verunsicherung
und Angst bei den Angehörigen.

Hinzu kommt, je nachdem, inwieweit sich die Angehörigen mit einer Krankheit als Lebensereignis auseinander gesetzt haben, die Trauer um den Erkrankten.

Angesichts des Sterbens kommen sie an eine deutliche
Grenze, die massive Gefühle freisetzt. Solche Gefühle von
Trauer, Verlust, Zorn, Angst, Hilflosigkeit und Ohnmacht
trennen Beziehungen, wenn sie verschwiegen und nicht thematisiert werden. Und dennoch möchten Angehörige in der
ersten Phase der Begegnung mit dem Berater nicht darüber
sprechen.

Sie teilen den Schmerz des Patienten, aber sie teilen sich
nicht mit.

Es ist dieser »stumme Schmerz«, der es in der Anfangs-
phase der Begegnungen schwer macht, die Situation und
Empfindungen der Angehörigen richtig einzuschätzen. Es
gehört zum Ausdruck des »stummen Schmerzes«, dass manche Angehörige versuchen, ihre Gefühle durch Arroganz und
leichte Aggressivität gegenüber dem Pflegepersonal oder dem
Berater zu überspielen. Dabei werden nicht selten auch Erwartungen und Wünsche formuliert, die von niemandem erfüllt werden können. Für den Angehörigen ist zuerst aber nur
eines wichtig: dass er das Beste für den Patienten getan hat
bzw. dafür sorgt, dass das Beste für den Patienten getan wird.
Umso notwendiger ist es, die Bedürfnisse der Angehörigen zu
erspüren und zu beurteilen.

Bei seiner ersten Begegnung entgegnete Herr G. dem Berater: »Es ist nicht Ihre Aufgabe, Hoffnung zu nehmen, sondern
Hoffnung zu geben! So geht das nicht!«

Herr G. hatte den Berater nur durch die Schilderung seiner
Frau kennen gelernt, und mit ihrem Bild trat er dem Berater

entgegen. Nun war es die Aufgabe des Beraters herauszufinden, was Herrn G. wirklich bewegte.

Exkurs: Hintergründe des »stummen Schmerzes«

Seelischer Schmerz wird nicht selten auch »stummer Schmerz« genannt, weil er im Gegensatz zum körperlichen Schmerz nicht gleich deutlich erkennbar ist.

Ein kleines einfaches Beispiel:

Ich haue mit einem Hammer einen Nagel in die Wand. Durch mein Ungeschick treffe ich leider nicht den Nagel, sondern den Daumen. Die Quetschung erzeugt den körperlichen Schmerz, aber der seelische Schmerz ist meine Kränkungswut über meine Ungeschicklichkeit – ich bin zu blöd, um einen Nagel in die Wand zu hauen. Das tut weh! Aber ich rede natürlich nicht darüber, sondern über die Schmerzen, die der blaue Daumen verursacht.

Wie wir einen Schmerz deuten, wie viel Unzufriedenheit wir ihm beimessen, hängt von der Stimmung, den Erfahrungen und der Bedeutung ab, die wir dem Schmerz geben. Wenn ich mich also zu sehr über meine Ungeschicklichkeit beim Nagelschlagen ärgere, kann ich diese eigentlich unbedeutende sensorische Erfahrung in etwas Qualvolles verwandeln.

Darum: Schmerz ist das, was passiert, Leiden ist unsere negative Deutung davon.

Menschen in ihrer letzten Lebensphase werden oft in einem Kreuzfeuer von Schmerz und Leiden gefangen. Der Zerfall des Körpers ist deswegen aber noch lange nicht der Ursprung der Qual. Hinter körperlichen Schmerzen steckt oft auch ein seelischer Schmerz – und dieser ist in der ersten Phase stumm, weil sich alle auf das erkrankte Organ konzentrieren. Erst in weiteren Schritten wird nach anderen Möglichkeiten gesucht, dem stummen Schmerz eine Sprache zu verleihen. Dabei kann seelischer Schmerz genauso schlimm sein wie körperlicher Schmerz.

Nichts bricht uns mehr das Herz, als der Schmerz über eine dauerhafte, scheinbar sinnlose Trennung von einem Menschen, den wir lieben. Der Schmerz über einen solchen Verlust kann so intensiv sein, dass er uns die Kontrolle über unser Leben raubt und unsere angeschlagenen Kanten zum Vorschein bringt. Er kann eine abstumpfende Wirkung haben, unsere Sinne betäuben und uns die Freude am Leben nehmen. Er kann uns so sehr lähmen, dass wir nicht mehr weiterleben wollen. Welche Form der Schmerz also annimmt, es tut auf jeden Fall schrecklich weh.

Körperlicher Schmerz scheint leicht erkennbar zu sein. Man kann das Schmerzempfinden sogar testen. Aber stummer und somit seelischer Schmerz ist nur schwer zu erkennen und noch schwerer zu entdecken, wenn er »alt« ist:

Raimond war 38 Jahre alt, seit drei Jahren geschieden, zwei Kinder 14 und 17 Jahre und lebte in einer Kleinstadt. Er war ein Adoptivkind. Seine Adoptiveltern hatten noch zwei leibliche Söhne. Zu den Stiefbrüdern gab es nur wenig Kontakt. Sechs Wochen vor Raimonds Tod hatten sich alle Verwandten von ihm verabschiedet. Er wollte niemanden mehr sehen – außer dem Pflegepersonal, seiner Patentante, die weit entfernt wohnte und den Klinikseelsorger. Raimond hatte ein Colonkarzinom und war zur Anschlussheilbehandlung gekommen. Doch die OP-Wunde heilte nicht zu und sein Zustand verschlechterte sich zusehends.

Mit dem Klinikseelsorger, seinem Berater, redete er über Gott und die Welt, manchmal schauten sie zusammen Fernsehen, lasen einen Wild-West-Roman und Raimond erzählte ihm von schönen, aber auch weniger schönen vergangenen Zeiten.

Eines Nachts ließ er den Berater rufen, weil er es vor Schmerzen nicht mehr aushielt und glaubte, er müsse sterben. Der Berater hatte ihm versprochen, ihn nicht allein zu lassen und blieb die Nacht bei ihm. Seine Gegenwart beruhigte ihn. Gegen Morgen konnte er endlich schlafen. Als der Berater am Nachmittag wieder bei ihm hereinschaute, wollte er ihn nicht mehr sehen. »Warum hat mich dein Gott nicht sterben lassen?«

schnaubte er ihn wütend an, wohl ahnend, dass der Berater auch keine Antwort parat hatte. Raimonds Wut richtete sich an jenem Nachmittag gegen den Berater, weil er einer der letzten Bezugspersonen war, die er hatte – und wem hätte er sonst zeigen sollen, dass er lieber sterben wollte als noch länger mit den Schmerzen zu leiden?

Nachdem Raimond in der ersten gemeinsam durchwachten Nacht erkannt hatte, dass er nicht auch dann noch den starken Mann spielen musste, wenn er stirbt, ließ er seine Angst zu und benahm sich wie ein Waschlappen. Er hing durch. Es folgte eine neue Nacht, in der Raimond den Berater rufen ließ. Wieder hatte er große Schmerzen und massive Ängste vor dem, was kommen würde. In dieser Nacht fragte er das erste Mal, wie Gott helfen könne. Raimond versuchte zu beten, wusste aber nicht wie. Der Berater sagte ihm, dass es in Ordnung sei, einfach seine Gedanken und Gefühle Gott anzuvertrauen. Und dann sagte Raimond mit fast kindlicher Stimme: »Lieber Gott, ich weiß, der Kreis ist bald fertig – hilf mir!« Dennoch konnte er nicht sterben.

Da kam seine Patentante zu Besuch. Der Berater fragte sie, ob sie sich erklären könne, warum Raimond nicht sterben könne, obwohl sich angeblich alle von ihm verabschiedet und er mit allen Frieden geschlossen hätte. Immer wieder mache sich das Ärzte- und Pflegeteam Gedanken, warum sie nicht die Schmerzen in den Griff bekämen und Raimond sich so quälen würde. Der Berater schilderte ihr den Gedanken, dass Raimond wohl immer noch auf jemanden warte, obwohl er sich von allen verabschiedet hätte. Da stutzte die Frau und fragte zurück: »War denn auch sein Bruder aus München da? Das kann ich mir nicht vorstellen, denn Raimond und er hatten kein gutes Verhältnis miteinander. Raimond war immer neidisch auf diesen Halbbruder, weil er das Gefühl hatte, seine Eltern würden den leiblichen Sohn bevorzugen. Das stimmt aber nicht, meine Schwester hat alle Kinder gleich behandelt.« Der Berater bat die Tante, ihren Neffen in München zu überzeugen, in die Klinik nach Bad Hersfeld zu kommen. Am nächsten Tag war der Stiefbruder da. Es gab ein nur ein kurzes Gespräch, da Raimond zu *schwach war, aber zwei Stunden nachdem er sich mit seinem Stiefbruder versöhnt und von ihm verabschiedet hatte, konnte Raimond sterben.*

Manchmal ist es die Aufgabe des Beraters zusammen mit den Angehörigen herauszufinden, warum der Patient nicht sterben kann. Dabei kann es hilfreich sein, wenn sie gemeinsam das gesamte Leben des Patienten durchgehen, und der Berater dabei folgende Fragen im Hintergrund vor Augen hat:
- Wer hat den Patienten in seinem Leben bewegt? (Familie, Freunde, Beruf)
- Welche Personen waren dem Patienten wichtig, welche lehnte er ab?
- Was hat den Patienten bestimmt? (Lebensziele, religiöse oder philosophische Gedanken)
- Wer/was hat den Patienten verletzt? (Personen, berufliche Situationen, Lebensereignisse, wie Verluste durch Tod)
- Wem hat sich der Patient zugewandt, von wem hat er sich distanziert?
- Was hindert den Patienten, sein Leben so anzunehmen, wie es war? (Erwartungshaltungen an das Leben)
- Was könnte noch getan werden, um das Leben des Patienten zu einem inneren Abschluss zu bringen?

Die Hintergründe, die den stummen Schmerz und mit ihm den körperlichen Schmerz so mächtig werden lassen, dass sogar der körperliche Verfall in die Länge gezogen wird, können sehr vielschichtig sein. Neben unausgesprochenen Ängsten vor dem Tod, liegen in den meisten Fällen unerledigte Probleme vor, über die der Patient nicht sprechen will. Diese Probleme reichen von kriminellen Erlebnissen über misslungene Beziehungsgeflechte bis hin zu traumatischen Ereignissen, die es in der letzten Lebensphase schwer machen, los zu lassen.

Selbst nähere Angehörige finden manchmal nicht den Schlüssel, um das bewegende Problem zur Sprache zu bringen, weil sie entweder selber Teil des Problems sind oder weil auch vor ihnen das Problem verschwiegen wurde.

Die Unterstützung, die der Berater den Angehörigen und dem sterbenden Patienten zu teil werden lassen kann, ist die gemeinsame Suche nach Erlebnissen, die den Patienten verletzt haben oder nach Ereignissen, die sein Leben so verändert haben, dass er sich noch nicht damit versöhnt hat. Der Theologe Eberhard Jüngel schreibt in seinem Buch »Tod. Themen der Theologie« (39): »Sterben zu können setzt eine Bejahung des Lebens voraus!« Darum ist es immer hilfreich, wenn sich Angehörige und Berater intensiv mit dem fast abgeschlossenen Leben eines Sterbenden auseinandersetzen und ihm helfen, es zu bejahen oder rund zu bekommen. Erfahrungen haben gezeigt, dass Sterbende häufig versuchen, ihr Leben »abzurunden«, indem sie »eckige« Erlebnisse erzählen oder bei Angehörigen um Vergebung bitten.

Auch Raimond sprach von einem Kreis, der sich bald schließen würde. Er schien allerdings selber noch nicht die Antwort gefunden zu haben, die ihm half, den Kreis zu schließen. Zwar hatte er dem Berater Vieles aus seinem Leben erzählt, auch schien es so, dass er mit einem Teil seines Lebens abgeschlossen hatte – seine gescheiterte Ehe und der Abschied von den Kindern, spielten in seinem Sterbeprozess keine Rolle mehr – aber in ihm nagte immer noch der Zwist mit seinem Stiefbruder und den Adoptiveltern. Darüber zu sprechen war er nicht in der Lage. Erst der Besuch seiner Patentante und ihr Hinweis auf den Stiefbruder, ermöglichten dem Berater, den Schritt zu wagen und den Stiefbruder zu bitten, nach Bad Hersfeld zu kommen, um Raimonds Leben abzurunden.

2.2.3 Gefühlsphasen

Ähnlich wie Elisabeth Kübler-Ross in ihrem Buch »Interviews mit Sterbenden« unterschiedliche Gefühlsphasen bei Sterbenden festgestellt hat, kann man bei der Begleitung Angehöriger viele Gefühlsphasen entdecken, die denen der Sterbenden ähneln.

In der Phase des »Nicht-wahrhaben-wollens« sind Ange-

hörige sehr kritisch gegenüber den Besuchen eines seelsorgerlichen Beraters. Sie vermeiden, konkret über die Situation
des Patienten und besonders über ihre eigene Situation zu
sprechen. (Stummer Schmerz.) Sie möchten abgelenkt werden und wünschen sich, dass der Berater Hoffnung macht.
Stammt der Berater aus dem kirchlichen Bereich, wird er
nicht selten in Gespräche über Gott und die Welt verwickelt,
wobei es oft auch kritische Bemerkungen zur Kirche bis hin
zur Ablehnung der Begleitung durch einen Seelsorger kommt.

Weil Angehörige aber ihre schwierige Situation nicht immer leugnen können und erkennen, dass der Sterbeprozess
des Erkrankten häufig schnell fortschreitet, empfinden sie
ohnmächtige Gefühle, die sich dann in eine Art »Zornes-
phase« verwandeln. Nicht selten wird dann das Pflegepersonal
als schlecht empfunden, die Ärzte kümmern sich angeblich zu
wenig um den Patienten, der Berater, den man vorher noch
als netten Besucher erlebt hat, wird als unfähig beschrieben.
In dieser Phase kann es einem Berater auch schon mal passieren, dass er von den Angehörigen aus dem Patientenzimmer
gewiesen wird. Das sollte jedoch nicht persönlich genommen
werden!

Hat sich der seelsorgerliche Berater von dieser Gefühls-
phase nicht abschrecken lassen, und sucht er die Angehörigen
in den nächsten Tagen wieder auf, kann er erfahren, dass sich
Angehörige entschuldigen und ihn sogar bitten, ein Gebet zu
sprechen. Nicht selten erhoffen sie sich davon, dass Gott noch
einmal das Schicksal des Patienten wenden möge. Es scheint,
als verhandele der Angehörige über den seelsorgerlichen
Berater das Schicksal des Patienten mit Gott. In dieser Phase
bewegt sich der Berater auf einer Gratwanderung zwischen
verantwortlicher Seelsorge und einer, die falsche Hoffnung
weckt. Allerdings lassen sich in dieser Zeit auch die intensivs-
ten Gespräche mit den Angehörigen führen.

Ein einfühlsamer Berater erkennt dann, dass sich die Angehörigen immer mehr verunsichert fühlen und gern vor
der Situation fliehen möchten. Dann ist es hilfreich, sie zum
Dabeibleiben zu ermutigen und sich der Angst zu stellen, die

das Sterben auslöst. Intensive Unterstützung erfahren die Angehörigen am ehesten, wenn der Berater sie in ihren Ängsten
ernst nimmt und – falls es ihm möglich ist – ihnen Informationen über den Sterbeprozess gibt.

Ist genügend Vertrautheit vorhanden, kann es bei einer solchen »depressiven Stimmung« im Krankenzimmer manchmal
helfen, dem Angehörigen stumm den Arm über die Schulter
zu legen oder fest die Hand zu drücken, damit er auch körperlich spürt, dass er begleitet wird. Nicht selten signalisiert
der Angehörige dann, dass er einverstanden ist mit dem, was
auf ihn und den Patienten zukommt. Er wünscht sich die »Erlösung« vom Leid.

In dem Wort »Erlösung« schwingt das Wort »loslassen«
mit, und es ist nicht nur auf den Patienten bezogen, sondern
auch auf den Angehörigen. »Hoffentlich ist es bald vorbei!
Hoffentlich kann er bald loslassen!« sagen dann jene Angehörige, die es geschafft haben, sich durchzuringen, den Sterbenden auch gehen zu lassen.

Von diesem Moment an kann den Angehörigen Mut gemacht werden, sich körperlich von dem Sterbenden zu verabschieden, z.B. die Hände zu stützen oder die Füße zu massieren oder den Sterbenden in den Arm zu nehmen.

In allen Phasen kann der Berater die Angehörigen ermutigen, sich so zu verhalten, wie sie es auch tun würden, wenn
der Patient nicht sterbend wäre, also nicht flüstern oder auf
Zehenspitzen durch das Krankenzimmer zu gehen.

»Es ist derselbe Mensch wie früher, nur dass er schwer
krank ist!« versucht der Berater den Angehörigen zu vermitteln und da können vertraute Geräusche helfen, eine gewohnte und damit vertraute Lebenssituation herzustellen, sei
es im Krankenhaus oder zu Hause.

Gerade die »gewohnte Lebenssituation« hilft dem Patienten beim Loslassen und dazu gehören Gespräche über das
Wetter, die Hausaufgaben der Kinder oder wann der Rasen zu
mähen ist. Aber auch das Fernsehen und das Radio mit den
Lieblingsprogrammen des Patienten gehören dazu.

Nur über den bevorstehenden Tod sollte nicht in Anwesen-

heit des Patienten gesprochen werden, es sei denn, er wünscht
es und spricht von sich aus darüber.

Wichtig ist dabei, das ganze Umfeld des Patienten zu betrachten, also nicht nur die engste Bezugsperson, sondern
auch eventuelle Freunde und Bekannte, die den Patienten
besuchen. Der Erfahrung nach ist es oft eine große Belastung
für die Familienangehörigen und Freunde, wenn sie einander
ihre Gefühle nicht mitteilen können.

Angehörige, den Sterbenden eingeschlossen, könnten
sich häufig gegenseitig stärken, unterstützen und einander
Trost spenden, wenn sie eine offene Kommunikation pflegen
würden. Doch stattdessen versuchen sie, sich gegenseitig zu
schützen, indem sie ihre Ängste voreinander verbergen.

*Herr G. und Frau G. haben ihre ganze Kraft im Umgang mit
der Krankheit von Frau G. in Zukunftsgedanken gesteckt, mit
dem Ziel den Tag der Goldenen Hochzeit zu erreichen.*

*Ein Gespräch über Gefühle der Angst, der Trauer oder gar
Gedanken, dass sie diesen besonderen Tag ihres Lebens nicht
erleben würden, gab es in einer offenen Diskussion nicht.*

*Als der Berater im Gespräch mit Frau G. versuchte, ihre Zu-
kunftsgedanken auf die Gegenwart zu lenken, empfand sie es
als ein Nehmen von Hoffnung, ebenso ihr Mann, obwohl dieser
offensichtlich besser und intensiver über den Krankheitsverlauf
informiert war als seine Frau. Trotzdem verdrängte er diese Informationen und sagte:*

*»Ich war mir so sicher, dass wir unsere Goldene Hochzeit
noch feiern würden, aber als meine Frau jetzt zu Hause war
und lieber wieder ins Krankenhaus wollte, habe ich gespürt,
dass wir die Zeit nicht mehr haben. Ich werde mit den Kindern
sprechen, aber was soll ich jetzt hier machen? Was soll ich meiner Frau sagen?«*

*Eine nicht unbeachtliche Rolle spielen dabei die Kinder und
Enkelkinder der Patienten oder ihrer Angehörigen.*

*Gerade sie leiden häufig unter der Krankheit eines Elterntei-
les, des Opas oder des Bruders. Da sie sich aber nicht immer
laut zu Wort melden, werden sie leicht übersehen. Manchmal*

erzählen die Angehörigen von ihren Kindern oder den Kindern der Patienten. Das ist dann ein guter Anlass über diese Kinder und deren Umgang mit der Krankheit zu sprechen. Es ist immer hilfreich, sich nach Kindern oder Enkeln zu erkundigen.

Die Tochter von Herrn und Frau G. war über die Situation ihrer Mutter sehr gut informiert, aber sie wusste nicht, wie und ob sie es ihrer eigenen Tochter sagen sollte, dass die Oma bald sterben würde.

Der Berater ermutigte die ganze Familie, sich von der komatösen Oma zu verabschieden und bekundete seine Bereitschaft, mit der jugendlichen Enkelin zu sprechen. Indem der Berater die Gefühle der Jugendlichen aufnahm und in ihren Lebensprozess einbrachte, half er ihr, sich würdig von der Oma zu verabschieden: »Natürlich ist es traurig, dass deine Großeltern nun nicht mehr die Goldene Hochzeit feiern können, von der die Oma doch immer so geschwärmt hat, und es tut weh, dass die Oma nun nicht mehr das Mittagessen kocht, wenn du aus der Schule kommst; sicherlich schmerzt es, jetzt nicht mehr mit der Oma knuddeln zu können, aber in deinem Herzen wird die Oma weiterhin leben und immer lebendig sein.«

Auch enge Freunde des Patienten sollten einbezogen werden, damit niemand von der Kommunikation ausgeschlossen wird und womöglich dadurch keine Unterstützung erhält.

So war es, als der Berater eine Ehefrau bei der Begleitung ihres sterbenden Mannes besuchte und plötzlich der langjährige Freund des Sterbenden in der Tür stand. Er hatte noch am Vortag den Patienten besucht und sich mit ihm unterhalten. Nun fand er ihn sterbend vor. Immer wieder fragte er, warum er denn nicht rechtzeitig informiert worden sei. Sie hätten sich doch noch so gut unterhalten. Mit dem Tod hätte er nicht gerechnet.

Der Berater bestätigte beiden, dass niemand mit der Verschlechterung des Patienten gerechnet hätte. Selbst bei der besten Betreuung eines Patienten durch mehrere Personen, kann ein plötzlicher Sterbeprozess einsetzen.

Manche Menschen brauchen Freunde und Angehörigen

am Bett, weil sie ihr Leben immer in einer starken Gemeinschaft gelebt haben; andere, die ihr Leben lang allein Entscheidungen gefällt und ihre Lebenswege dementsprechend
gegangen sind, wollen oft auch den letzten Weg allein gehen.
Nachdem sich der Freund von dem Sterbenden und dessen
Ehefrau verabschiedet hatte, dauerte es noch genau zwei
Stunden und der Tod war eingetroffen.

Es ist ratsam, sich immer nach anderen Angehörigen oder
engen Freunden zu erkundigen und ihnen Begleitung anzubieten. Nicht selten werden andere Menschen genannt, die
in einer besonderen Beziehung zum Sterbenden stehen und
denen eine Begleitung vor Ort gut tun könnte. Darüber hinaus kann es hilfreich sein, ein Angehörigendiagramm (siehe
Techniken) zu erstellen, das einen Überblick über die Fami-
lien- und Freundschaftsverhältnisse gibt. Dieser relativ kleine
Aufwand lohnt sich besonders bei längeren Begleitungen und
Beratungen. In so einem Diagramm lassen sich auch Themen
eintragen, die man mit den unterschiedlichen Besuchern besprochen hat, aber auch Reaktionen und Gefühlsregungen der
Angehörigen oder des Sterbenden lassen sich dort festhalten.
So kann der Berater dem »stummen Schmerz« der Angehöri-
gen etwas »Laut« geben.

Exkurs: Beratung von Kindern und Jugendlichen

Immer wieder begegnet der Berater Angehörigen, die be-
haupten, dass ihre Kinder zu jung seien, um zu verstehen,
was der Tod bedeutet. Sie wollen das Kind vor der Realität des
Todes schützen und nicht mit etwas belasten, was ihrer Mei-
nung nach noch gar nicht erfasst werden kann. Dabei gehen
die Angehörigen nicht selten von sich selber aus – und ver-
sperren damit den Kindern den Weg zum Abschiednehmen
und Trauern.

Doch Kinder sind sich dieser Realität bewusster, als Erwachsene es annehmen, denn ihre Gedanken an den Tod

treten viel früher auf, als allgemein angenommen wird. Ihre Vorstellungen vom Tod unterliegen einem fortlaufenden Reifungsprozess, wobei zu beachten ist, dass Kinder gleichen Alters nicht immer auf dem gleichen Entwicklungsstand sind.

Um Angehörige und ihre Kinder in der Begleitung sterbender Menschen zu beraten, ist es daher notwendig, zu wissen, was der Tod für Kinder in den verschiedenen Altersstufen bedeuten kann.

Jean Piaget beschreibt in seinem Buch »Das Weltbild des Kindes« unterschiedliche Altersstadien, die das Kind durchläuft, wenn es sein Leben entdeckt. Analog dazu entwickelt sich die Einstellung des Kindes zum Tod.

In den ersten Lebensjahren kann das Kind die Vorstellung über den Tod von denen über das Leben nicht trennen. Für die meisten Kinder unter dem fünften Lebensjahr ist der Tod nichts Endgültiges. Sie vergleichen ihn mit dem Schlaf, aus dem man aufwacht oder mit einer Reise, von der man wieder zurückkommt.

Bei Besuchen komatöser Patienten oder in der Terminalphase fragen sie oft die Angehörigen, wann denn die Oma wieder wach wird und nach Hause kommt. Die Vorstellung von Zeit ist bei Kindern dieses Alters sehr begrenzt. Sie begreifen nicht, dass der Tod kein vorübergehendes Phänomen ist. Stattdessen empfinden sie vor allem Entzug oder Entbehrung von Wichtigem. Sie spüren, dass jemand fehlt, aber sie können nicht einordnen, warum der Betreffende fehlt. Sie haben Verlustängste und befürchten, dass ihre Eltern sie auch allein lassen werden. Deshalb bleiben kleine Kinder auch nicht gern im Krankenzimmer der sterbenden Oma, sondern zerren an der Hand der Eltern, diesen Raum zu verlassen. Der Berater sollte dann den Eltern Mut machen, dem Drängen der Kinder zu folgen, weil die Erfahrung gezeigt hat, dass Kinder, wenn sie von Onkel oder Tante nach draußen begleitet werden, weiter beunruhig sind. Sie spüren sehr genau, was in dem Raum geschieht, bringen es aber nicht mit dem Tod, sondern mit den Eltern und deren Traurigkeit in Verbindung.

Die Wahrnehmung des Todes setzt ungefähr mit dem vierten Lebensjahr ein, doch das Kind sieht den Tod als etwas an, das nur anderen widerfährt. Den eigenen Tod gibt es emotional noch nicht.

Eine realistische Vorstellung vom Tod entwickelt sich erst ab dem Schulalter. In dieser Entwicklungsphase beginnt das Kind, den Tod mit Gefühlen zu verbinden. Es sieht die Traurigkeit der Eltern, wenn die Oma stirbt und spürt eine eigene Traurigkeit. Das Kind lernt allmählich die Endlichkeit des Todes zu akzeptieren – auch wenn es für sich selber noch nicht glauben kann, dass es selbst eines Tages sterben wird, weil der Tod allen Lebewesen gilt.

In der Beratung ist es wichtig, die Gefühle des Kindes wahrzunehmen und wenn man mit ihm spricht, diese Gefühle zu spiegeln. Das Kind fühlt sich dann in seiner Situation ernst genommen.

Der Berater hat dabei auf seine Körperhaltung zu achten. Kleinen Kindern begegnet man am besten auf Körperhöhe, d.h. der Berater kniet oder hockt sich auf Kindeshöhe, um dem Kind direkt in die Augen zu schauen und so den Kontakt herzustellen. Manchmal tut es dem Kind auch gut, wenn sich der Berater in der Hockstellung neben das Kind stellt und gemeinsam mit dem Kind auf den sterbenden Menschen schaut. Das verändert auch die Perspektive des Beraters. Er spürt nämlich die Mächtigkeit und Betroffenheit, die ein großes Bett mit einem fast leblosen Körper eines Menschen, den das Kind lieb hat, auslöst. Für Kinder bedeutet diese Körperhaltung, dass sich der Erwachsene auf ihre Ebene begibt und sie ernst nimmt.

Der Berater sollte bei Kindern auf keinen Fall von oben herab auf sie einreden. Selbst die nach vorn gebückte, auf Knien abgestützte Haltung, löst bei Kindern dieser Altersstufe Ängste aus. Der Berater sollte sich immer klar machen, dass er in erster Linie ein Fremder ist, der sich in einer schwierigen Lebenssituation dem Kind nähert.

Gelingt es dem Berater, auf diese Art und Weise das Vertrauen des Kindes zu erlangen, dann kann er die Erfahrung machen, dass sich das Kind mit ganz konkreten Fragen an ihn richtet. Kinder ab dem sechsten Lebensjahr beginnen, sich mit der Frage zu beschäftigen, was aus den Toten wird. Mit wachsendem Alter stellen sie Fragen nach dem eigenen Sterben und nach dem, was nach dem Tod kommt. Manchmal erzählen sie auch, dass sie schon einmal ein Tier, ihren Lieblingshamster oder den Kanarienvogel, beerdigt haben und wie ihnen dabei zumute war. Während sich Kinder ab dem siebten Lebensjahr für das Thema Tod und Sterben interessieren, tritt dieses Interesse bis zum Eintritt der Pubertät wieder zurück.

Susanne war 11 Jahre alt und konnte noch nicht so ganz begreifen, dass die Oma sterbend war. Immer wieder sagte sie: »Oma schläft doch, die wird bestimmt bald wieder wach!« Der Berater versuchte ihr zu erklären, dass es gut sei, dass die Oma nun ganz tief schläft, keine Schmerzen habe und dass sie nun schon auf dem Weg zu Gott sei. Aber es sei natürlich traurig, dass sie nun nicht mehr die Goldene Hochzeit feiern könnten, von der die Oma doch immer so geschwärmt hätte, und es tut weh, dass die Oma nun nicht mehr das Mittagessen kocht, wenn Susanne aus der Schule kommt, sicherlich schmerzt es, jetzt nicht mehr mit der Oma knuddeln zu können, aber in ihrem Herzen würde die Oma doch weiterhin leben und immer lebendig sein.

Da sagte ihr Vater plötzlich: »Im Kindergottesdienst habt ihr doch auch schon mal über das Thema Ostern gesprochen!« Susanne nickte. »Und genau das, was Jesus dort erlebt hat, das erlebt jetzt Oma! Sie geht zu Gott!« Susanne blickte den Berater fragend an; der nichts sagte, sondern zustimmend nickte. Da ergriff Susanne die Hand ihres Vaters und sagte:»Dann, Papa, bring mich jetzt zu meiner Freundin. Ich will mit ihr spielen!« Susanne wollte nicht noch einmal in das Krankenzimmer und fuhr mit ihrem Vater fort.

Die Pubertät, mit der Suche nach der eigenen Identität, ist unweigerlich mit der Frage nach dem Sinn des Lebens verknüpft, bei der auch immer Endlichkeit und Tod des Menschen eine Rolle spielen. Die Suche nach der Identität ist oft mit Angst und Unsicherheit verbunden, die durch die Überwältigung von körperlichem Wachstum und dem Erleben der Sexualität verstärkt wird.

Begegnet der Berater jugendlichen Angehörigen, dann bekommt er oft die Unsicherheit der Jugendlichen durch Ablehnung und Arroganz zu spüren. Einerseits wollen sie sich mit dem Sterben auseinander setzen, andererseits würden sie am liebsten ganz weit weglaufen. Für den Berater gilt es, diese Achterbahnfahrt der Gefühle mit auszuhalten. Die Erfahrung hat gezeigt, dass hier das »Mitschwingen des Beraters« besonders hilfreich ist oder wenn er mal den Mut hat, über das Leid zu schimpfen und in der Sprache der Jugendlichen zu fluchen.

Während die erwachsenen Angehörigen des Sterbenden nicht selten negative Kritik an dem pubertierenden Angehörigen äußern und damit die Unsicherheitsgefühle des Jugendlichen verstärkt werden: »Seit Papa krank ist, will er mit ihm nichts mehr zu tun haben! Er besucht ihn nicht einmal – und wenn doch, dann streitet er nur mit ihm herum! Er flippt jeden Tag mindestens zweimal aus!« kann der Berater die Gefühle des Pubertierenden aufnehmen und verständnisvoll spiegeln.

Jugendliche öffnen sich dem Berater, wenn er sie mit ihren Gefühlen konfrontiert – ihre Ängste, ihre Sorgen, ihre Unsicherheiten gegenüber dem Prozess des Sterbenden zur Sprache bringt. Letztlich sind die Gefühle der jugendlichen Angehörigen ein Ausdruck der Trauer, einen geliebten Menschen los lassen zu müssen.

Viele Jugendliche neigen dazu, ihre Trauer nicht zu zeigen, sondern sie zu verdrängen. Sie haben Angst davor, sich dem oft kaum zu ertragenden Schmerz zu stellen oder ihre Gefühle preis zu geben. Es führt aber kein Weg an der Trauer vorbei, sondern nur durch sie hindurch. Nur das Zulassen der Trauer verhindert, das sich der Schmerz nach innen richtet und vielleicht eines Tages krank macht. Der Berater kann die Jugendlichen auf diesem Weg begleiten, wenn er ihr Vertrauen erworben hat.

Kinder und Jugendliche sind meistens doppelte Verlierer,

wenn ein Mensch aus ihrem Bezugsfeld stirbt. Sie verlieren nicht nur die geliebte Bezugsperson, sondern meist auch über eine längere Zeit hinweg die Zuwendung und Aufmerksamkeit in ihrer Familie, die ja selber trauert. Doch Kinder und Jugendliche brauchen in dieser Zeit besonders viel Aufmerksamkeit, um wirksame Trauerarbeit zu leisten, damit sie sich eines Tages wieder dem Leben zuwenden können.

In der Beratung Jugendlicher ist es daher wichtig, offen über die Diagnose und Ursachen des Sterbens ihres Angehörigen zu sprechen. Es ist immer wieder überraschend, wie bereitwillig offen Jugendliche an diese sachliche Fragestellung herangehen. Eine besondere Herausforderung in der Beratung ist der Sterbeprozess eines Geschwisterkindes. Hier ist darauf zu achten, dass die Eltern – auch wenn sie durch Schmerz und Trauer auf sich selbst bezogen sind – dem lebenden Kind die nötige Zuwendung geben. Wo dies nicht geschieht, kann es hilfreich sein, wenn der Berater dem Jugendlichen das Verhalten seiner Eltern verdeutlichen kann, mit dem Hinweis, dass er bestimmt nach einer Zeit der Trauer wieder die notwendige Zuwendung erhalten wird.

Jugendliche, aber auch Kinder, neigen dazu, sich die Schuld am Sterben ihnen lieber Menschen zu geben. Um sie vor diesen Schuldgefühlen zu bewahren, sollte der Berater immer wieder betonen, dass der bevorstehende Tod absolut nichts mit dem Verhalten des Jugendlichen oder des Kindes zu tun hat.

2.2.4 Unsicherheit vor der ungewohnten Situation

Jede Sterbesituation erzeugt Unsicherheit und Angst – bei den Angehörigen, bei den Freunden und sicherlich manchmal auch beim Pflegepersonal oder den Beratern.

Angehörige verspüren häufig Angst vor der Ungewissheit und fragen: »Was wird noch alles auf uns zukommen?« Oder sie haben Angst vor dem Leiden des Sterbenden: »Wird er Schmerzen haben? Muss er viel leiden?« Auch die Angst vor Verlust wird oft genannt: »Wir waren über 50 Jahre miteinander verheiratet. Ich verliere nicht nur meinen Mann, ich

verliere einen Teil meines Lebens. Wie soll es nur mit mir
weitergehen? Er hat alles für mich getan. Was soll ich ohne
ihn nur anfangen?« Doch auch die Angst, etwas Wesentliches versäumt zu haben, wird manchmal genannt: »Wenn ich
mehr gedrängt hätte, zum Arzt zu gehen, wäre die Erkrankung vielleicht noch heilbar gewesen. Aber er hat ja nicht auf
mich gehört!«

Wenn Angehörige so voller Angst sind, sollten sich die
Berater und das Pflegepersonen besonders einfühlsam verhalten. Dazu gehört auch der Mut des Beraters, seine eigene
Angst vor dem Sterben einzugestehen, denn das Eingestehen
der Kenntnis eigener Angst, hilft den Angehörigen, sich mit
dem Berater zu identifizieren. Gleichzeitig zeigt aber die Erfahrung des Beraters den Angehörigen, dass sie sich auf ihn
verlassen können. Darum ist es gut, wenn sich der Berater
evtl. im Vorfeld, spätestens aber nach dem Erstbesuch, ein
Bild über die Diagnose des Patienten macht, indem er mit
dem Pflegepersonal spricht.

Beobachtungen zeigen, dass Angehörige und Patienten
besonders dann weitere Informationen über die Krankheit,
ihre Symptome oder die Behandlung wünschen, wenn sie sich
über bestimmte Dinge Sorgen machen. Da kann es hilfreich
sein, wenn auch der Berater über Atemnot, Schmerzlinderung usw. Auskunft geben kann.

*Herr G. vertraute sich seinem Berater erst an, als dieser ihm
sagte: »Ihre Frau wird von Tag zu Tag schwächer. Zwar wird
mit jeder Bluttransfusion das Gefühl vermittelt, es ginge wieder
aufwärts, aber die Zeitabstände, in denen die Transfusion zugeführt wird, werden immer kleiner, bis eines Tages auch dies
nicht mehr ausreicht. Sie haben dies sicherlich doch auch schon
gemerkt?!«*

Ein erster Schritt zu einer vertrauensvollen Begleitung Angehöriger ist die Vermittlung der Kenntnis über den Krank-
heits- oder Sterbeverlauf des Patienten, ohne besserwisseri-
sches Auftreten.

Angehörige erwarten von einem Berater Antworten auf folgende Fragen:
- Wie wird die Endphase der Krankheit verlaufen?
- Wie kann ich als Angehöriger meinem Patienten dabei am besten helfen?
- Mit welchen Mitteln werden die Symptome der Krankheit gelindert?
- Wo kann ich mir Informationen besorgen?
- Werde ich immer ausführliche und vor allem »ehrliche« Informationen erhalten?
- Kann ich die Situation aushalten?
- Wie wird es in der Zukunft weitergehen?

Höchste Priorität hat für Angehörige die Information über den Zustand des Patienten und damit verbunden die empfundene Sicherheit, dass es ihm der Situation entsprechend gut geht. Dies gilt für alle Angehörige, ganz gleich, ob sich der Patient auf einer Intensivstation, in einer Pflegestation im Krankenhaus oder im Altenheim oder zu Hause befindet.

2.2.4.1 Die Begegnung auf der Intensivstation

Begegnet der Berater Angehörigen auf einer Intensivstation, weil z.B. der Patient nach einem Unfall sterbend ist, stellen sich andere Fragen als wenn der Berater die Angehörigen auf einer Pflegestation oder auf einer Palliativstation einer Klinik antrifft. Und ganz andere Fragen stellen Angehörige in Altenheimen oder zu Hause.

Die Begegnung auf der Intensivstation mit ihren eigenen Gesetzmäßigkeiten verunsichert die Angehörigen besonders stark. Nicht selten werden ihre Ängste und Sorgen an diesem Ort verstärkt, obgleich von medizinischer Seite alles getan wird, um dem Patienten zu helfen. Die Aufgabe des Beraters an diesem Ort ist die eines Schiffslotsen, der die Untiefen des Flusses kennt und das schlingernde Schiff sicher an eine Anlegestelle führt: Ruhe und Gelassenheit zeichnen ihn aus, Einfühlsamkeit gegenüber den Angehörigen, aber auch genügend Distanz gegenüber der Situation sind hilfreich.

Kennt sich der Berater auf einer Intensivstation aus, kann
er Informationen weitergeben, die den Angehörigen das
Gefühl der Sicherheit vermitteln. Ist aber auch dem Berater
die Situation auf einer Intensivstation fremd oder nur selten
vertraut, ist es seine Aufgabe, als Vermittler zwischen Pflegepersonal und Angehörigen zu fungieren. Er bestimmt (nach
Absprache mit dem Pflegeteam) die Zeitdauer des Besuches
auf der Intensivstation und begleitet dann die Angehörigen in
einen Warteraum. Hier kann dann in aller Offenheit über die
Situation gesprochen werden.

Angehörige erwarten in der Regel Antworten auf die Fragen:
— Wie lange muss der Sterbende auf dieser Station bleiben?
— Warum ist er an so viele Geräte angeschlossen?
— Ist es nicht qualvoll, an so vielen Schläuchen und Geräten
   angeschlossen zu sein? Hat er Schmerzen?
— Kann mich mein Angehöriger verstehen, auch wenn er ru-
   hig gestellt ist oder im Koma liegt?
— Wird er auf dieser Station sterben oder wird er noch ein-
   mal verlegt?

2.2.4.2 Die Begegnung auf der Pflegestation

Statistisch gesehen finden die meisten Begegnungen mit Angehörigen auf einer Pflegestation oder einer Palliativstation
statt. Die emotionale Lage der Angehörigen befindet sich zwischen Hoffen und Bangen. Der Berater wird dann hinzugezogen, wenn Angehörige und Patienten es wünschen oder sich
Begegnungen im Krankenhausalltag ergeben. In der Anfangs-
phase der Beratung dominieren die beschriebenen Phasen.

Pflegestationen verfügen seltener, Palliativstationen verfügen immer über Räumlichkeiten, in denen Angehörige
mit den Beratern ins Gespräch kommen können. Solche
Räumlichkeiten vermitteln den Angehörigen das Gefühl von
Geborgen- und Sicherheit, sich mit der Situation auseinander
setzen zu können. Für jede Beratung ist es wichtig, einen geeigneten Raum zu finden. Da kann, falls es keinen anderen
geeigneten Raum gibt, auch die Stationsküche zu einer Her-
berge werden.

Je gelungener die Begleitung durch Pflegekräfte und Berater, um so mehr wird die Station als »sicherer Ort« empfunden, dem man den Sterbenden anvertrauen kann.

Angehörige erwarten in der Regel Antworten auf die Fragen:
- Wie ist der Krankheitsverlauf?
- Wie ist der Sterbeverlauf?
- Wird es Schmerzen geben, wird der Patient ersticken?
- Was kann ich als Angehöriger tun, um zu helfen?
- Wie oft soll/kann ich meinen sterbenden Angehörigen besuchen?
- Kann ich in der letzten Phase im Zimmer bleiben, evtl. sogar übernachten?
- Gibt es eine seelsorgerliche oder spirituelle Begleitung?

2.2.4.3 Die Begegnung im Altenheim oder zu Hause

Angehörige, die ihre sterbenden Verwandten in einem Altenheim oder zu Hause begleiten, haben sich häufig schon länger mit der Situation auseinander gesetzt. Ihre Fragen richten sich daher seltener nach dem Krankheits- oder Sterbeverlauf, sondern sind auf die nähere Zukunft gerichtet. Auch Fragen nach der Möglichkeit eines humanen Sterbens gibt es. Daneben werden dem Berater auch Fragen zur religiösen oder spirituellen Begleitung gestellt.

Angehörige erwarten in der Regel Antworten auf die Fragen:
- Lohnt sich noch eine Patientenverfügung?
- Wie kann ich verhindern, dass mein Patient als Notfall ins Krankenhaus verlegt wird?
- Wer kann oder sollte die Sterbende besuchen?
- Wann setze ich mich mit dem Bestatter auseinander?
- Kommt der Pfarrer/die Pfarrerin zur Aussegnung ins Haus?

Neben den beschriebenen Fragen werden seelsorgerliche Berater immer wieder mit der so genannten Theodizeefrage konfrontiert:
- Warum ist mein Angehöriger so krank?
- Wenn es einen Gott gibt, warum hilft er nicht?

- Wozu geschieht das alles?
- Wie kann Gott das zulassen?
- Warum muss ich soviel leiden?

Auch seelsorgerliche Berater können keine Antwort auf die »Warum-Frage« geben. Aber sie können angesichts des nahenden Todes mit den Angehörigen über die Lebensthemen, Probleme und Fragen sprechen, die die Angehörigen in diesem Moment bewegen. Dabei können sie gemeinsam versuchen, religiöse Antworten zu finden. Es ist wichtig, sich neben die Fragenden zu stellen, ihre Fragen zuzulassen und falls erwünscht, gemeinsam mit den Angehörigen diese Fragen in einem Gebet an Gott richten. Der Berater hält mit aus und hält stand. Vielleicht kann dann auch etwas von dem rettenden und erlösenden Gott für alle Beteiligten erfahrbar werden.

2.2.5 Die Angst vor wahrer Information

Nicht immer sehen Angehörige die Schwierigkeiten, die auf sie zukommen. Sie nehmen sie erst zur Kenntnis, wenn sie da sind. Dieser Verdrängungsmechanismus hat einerseits den Vorteil, dass die Angehörigen nicht in ein Panikverhalten flüchten (»Was muss ich jetzt alles tun? Wer kann noch helfen? Wie muss ich mich verhalten?«), anderseits hat es den Nachteil, dass sie sich erst spät mit dem Abschiednehmen und dem Trauerprozess auseinander setzen. (»Warum haben wir es nicht früher gewusst? Warum kommt der Tod so plötzlich?«) Daher ist es immer wichtig, vorher zu klären, wie viel Information/Wahrheit die Angehörigen haben möchten bzw. wie viel Information/Wahrheit sie vertragen.

Einfühlsame Beratung bedeutet in diesem Fall, genau dann Informationen zu geben, wenn der Bedarf danach besteht und Situationen zu erkennen, in denen sich Angehörige Sorgen machen. Zuviel Information/Wahrheit kann genauso Ängste auslösen wie zuwenig. Die Informationsmenge sollte immer genau dem individuellen Fall angepasst sein.

Manche Angehörige fühlen sich erst dann sicher, wenn sie

wissen, dass die Krankheit das Finalstadium erreicht hat, und sie nun die Gewissheit haben, dass alles für das Wohlbefinden des Patienten getan wird, um ihn vor Schmerzen oder anderem Leid zu bewahren. Von diesen emotionalen Reaktionen auf eine unheilbare Krankheit hängt es ab, ob Angehörige aktiv, positiv leben und Hoffnung bewahren, oder ob sie von der Angst verzehrt werden, was ihnen zustoßen oder in Zukunft passieren könnte.

Nachdem Herr G. offen mit dem Berater über seine Gefühle gesprochen hatte, war er bereit, den beginnenden Sterbeprozess seiner Frau zu akzeptieren. Als Frau G. den Schlaganfall erlitten hatte, sagte der Berater zur Patientin und ihrem Angehörigen: »Wir können alle nicht vorausschauen, was sich entwickelt, aber in einem können Sie sicher sein, Sie werden nicht allein gelassen. Das Team der Station und auch ich werden für Sie da sein. Und sagen Sie uns, was Sie von uns wünschen. Was wir ermöglichen können, werden wir tun.«

Die Linderung körperlicher Symptome beim Patienten erfolgt eben nicht allein durch körperorientierte Pflege, sondern erfordert ebenfalls Hilfe und Verständnis für die Ängste der Angehörigen. Wenn der Patient weiß, dass sich auch um seine Angehörigen gekümmert wird, kann er sie leichter los lassen. Er empfindet: »Ich bin getröstet, weil meine Angehörigen auch getröstet sind!« Die Ängste der Angehörigen sind zum Zeitpunkt der Diagnose einer unheilbaren Krankheit, beim Auftreten von Symptomen eines Rückfalls und beim Erreichen der finalen Krankheitsphase ebenso unterschiedlich stark wie beim Patienten.

2.2.5.1 Angst vor der Wahrheit
In der ersten Phase der Erkrankung, sozusagen nach der ersten Diagnose, setzt bei Angehörigen ein hoher Informationsbedarf ein. Sie informieren sich im Arztgespräch, im Internet, in Selbsthilfegruppen oder über Büchereien. Sie tun dies mit einer gewissen Sachlichkeit, um etwaigen Gefühlen der Angst und der Trauer aus dem Weg zu gehen. Sie trösten sich oft

mit dem Gedanken, so schlimm werde es schon nicht werden.
Da nicht selten in der ersten Phase ein positiver Krankheits-
verlauf erzielt wird, schwächt sich das Interesse im weiteren
Krankheitsverlauf ab.

In der zweiten Phase der Erkrankung, wenn ein Krebspa-
tient z.b. einen Rückfall hatte, nimmt das Bedürfnis der Angehörigen zu, wahrhaftig und detailgetreu über die Krankheit
informiert zu werden. Sie spüren, dass es den so sehr erhofften
Behandlungserfolg nicht gibt. In der Kommunikation mit den
Ärzten, aber auch mit dem Pflegepersonal, scheint ein toter
Punkt erreicht zu sein. Die Angehörigen haben das Gefühl, sie
würden vom Team der professionellen Helfer isoliert, und so
nehmen ihre Ängste zu. Nicht selten haben sie dann Schwierigkeiten, konkrete Antworten von den Ärzten zu erhalten, mit
ihnen in Kontakt zu kommen oder telefonisch Informationen
zu erhalten. Auch das Pflegepersonal hält sich bedeckt, über
die täglichen Entwicklungen des Patienten zu unterrichten,
weil sie diese nicht konkret voraussagen können.

Aber die Angehörigen erwarten, dass ihnen die täglich
durchgeführten Maßnahmen, Behandlungen, die Medikation
und ihre möglichen Nebenwirkungen erklärt werden. Mit
Hilfe dieser Informationen können sie sich in realistischer
Weise auf die nahe Zukunft vorbereiten. Allerdings können
die Sorgen, die sie sich während dieser Zeit des Wartens machen, kaum ausgeräumt werden.

Die Angehörigen tragen ein ambivalentes Gefühl in sich,
mit dem sie ihre Fragen nach Information vortragen: Einerseits möchten sie wahrhafte detaillierte Informationen haben,
z.B. über Medikamente, Behandlungsmethoden oder den
Krankheitsverlauf des Patienten, um gefasster in die Zukunft
zu schauen, andererseits hoffen sie im tiefsten Innern, dass
ihnen jemand sagt, dass alles wieder gut wird und man sich
in den Informationen getäuscht habe. Erst wenn sie die Endphase des Sterbenden erkennen, wenn sie selbst mit dem na-
hen Tod des Patienten einverstanden sind, haben sie weniger
Interesse an medizinischen Informationen, sondern eher ein
Bedürfnis nach Klärung religiöser Fragen.

Die Rolle des Beraters besteht darin, die Ängste der Angehörigen zu verringern, indem er ihnen angemessene Informationen und Unterstützung zukommen lässt und so deutlich zum Ausdruck bringt, dass allen auftretenden Problemen gemeinsam (Pflegepersonal, Ärzte, Berater, Physiotherapeuten) begegnet wird. Darüber hinaus kann er sich als Gesprächspartner für religiöse Fragen anbieten, wenn er daraufhin angesprochen wird. Angehörige und ihre Patienten müssen wissen, dass das Interesse an ihnen gleichbleibend stark ist. Dieser Ansatz hat sich in der Palliativmedizin durchgesetzt und bewährt.

Bei den Angehörigen, die sich offen mit der wahren Situation des Sterbenden auseinander setzen, hat diese Offenheit Auswirkungen auf ihre Zukunft: Ehepartner fahren plötzlich Auto, das zu fahren sie sich früher geweigert hatten; Aufgaben im Haushalt werden neu geregelt oder verteilt; Kinderbetreuung wird organisiert, Nachbarschaft mobilisiert. Sowohl den Sterbenden als auch den Angehörigen hilft es sehr, über ihre Fortschritte bei der Bewältigung dieser Veränderungen zu sprechen.

Öffnet sich der Sterbende und ist er bereit, von sich aus über seinen Tod zu sprechen, schaffen es manche Angehörige sogar, sich mit dem Patienten darüber auszutauschen, dass nach seinem Tod möglicherweise ein Umzug nötig werden könnte. Auch die Bestattung ist dann kein ausgeklammertes Thema mehr. Manchmal wird sogar der seelsorgerliche Berater hinzugezogen, um die Form der Bestattung, den Ort usw. zu besprechen.

Offenheit und das Besprechen der unheilbaren Krankheit zwischen den Pflegepersonen, den Beratern und den Angehörigen kann die Kommunikation mit dem Sterbenden erleichtern, während ihre Verleugnung manche Schwierigkeit vergrößert. Offenheit führt dazu, dass sich jeder Beteiligte in der Lage fühlt, über die Dinge zu sprechen, die ihn beschäftigen. Die Aufgabe des Beraters ist es, einen Raum zu schaffen, in dem diese Offenheit möglich ist.

Fragt zum Beispiel der Angehörige, wie weit die Krankheit des Patienten fortgeschritten ist, kann es hilfreich sein, ihn mit einer Gegenfrage, z.B. »Was für ein Gefühl haben Sie denn?« zu einer eigenen Antwort zu bewegen. Meist ahnen Angehörige, wie es wirklich um ihre Patienten steht, und sie ertragen mehr Wahrheit, als ihnen zugetraut wird. Was für die Angehörigen gilt, trifft auch auf den Sterbenden zu. Sollte aber der Sterbende noch den Gedanken an den nahenden Tod beiseite schieben, wäre es nicht in Ordnung, ihm etwas aufzudrängen, was er für sich noch nicht sehen will.

Die Offenheit zu einem solchen Gespräch kann gelingen, wenn der Berater bereit ist, über sich selbst, seine eigenen Gefühle und seine Hoffnungen im Blick auf das Sterben und Abschiednehmen, zu sprechen.

Exkurs: Angst mindern und Schmerzen lindern

Schmerz ist nicht gleich Schmerz. Darum ist der erste Schritt einer Schmerzlinderung die sachliche informelle Auseinandersetzung mit dem Patienten. Das heißt, man versucht zunächst, die Angst vor dem Schmerz dadurch zu reduzieren, dass man dem Patienten erklärt, warum der Schmerz auftritt, was man dagegen unternehmen kann, was für eine Art von Schmerztherapie wann zum Einsatz kommen wird, was zu tun ist, wenn der Schmerz mitten in der Nacht auftritt, was passieren wird, wenn die Behandlung nicht anschlägt, und welche anderen Möglichkeiten es dann gibt, dem Patienten zu helfen. Detaillierte Erklärungen mindern die Angst, weil sie dem Patienten zeigen, dass er mit seinem Schmerz nicht allein gelassen wird. Auch wenn dies vornehmlich die Aufgabe der Medizin ist, ist es für Angehörige und Patienten hilfreich, wenn sich auch der Berater in Schmerzfragen auskennt, zumal an dieser Stelle seitens der Mediziner oft ein Hinweis auf den Berater gegeben wird.

Manche Patienten sind dann froh, wenn ihnen ein Gesprächspartner genannt wird, der die notwendige Zeit mitbringt, sich mit ihren Schmerzen auseinander zu setzen. Er kann versuchen (mit verschiedenen Techniken), den Schmerz unter Kontrolle zu bringen. Dazu gehören Meditation und Gebet ebenso wie bewusstes Atmen oder Visualisierungstechniken. Sie geben das Gefühl, den Schmerz unter Kontrolle zu bekommen. Gute Hinweise gibt das Büchlein »Starke Schmerzen bewältigen« vom »Forum Schmerz«.

Neben allen Hinweisen sollte nicht vergessen werden, dass Angst und Schmerz ähnliche selbstverteidigende Reaktionen sind. Beide versteifen den Körper und ziehen ihn gegen die Wahrnehmung der Bedrohung zusammen. Wenn der Patient unter beidem leidet, verstärken sich Angst und Schmerz gegenseitig, und wenn jemand mit Schmerzen erschrocken ist, quält der Schmerz stärker. Daher wird alles, was die Angst lindert, auch den Schmerz lindern. Sehen Angehörige ihren Patienten Schmerz leiden, ist eines der ersten Dinge, die sie tun können, ihn ruhig daran zu erinnern, zu atmen, denn Schmerz neigt dazu, die Atmung zu hemmen. Atmen startet eine unmittelbare Entspannungsreaktion. Der Patient sollte aber nicht das Gefühl haben, er müsse etwas Besonderes vollbringen. Ihm sollte nur verständlich werden, dass eine gut gefüllte Lunge hilft, das Schmerzempfinden zu lindern. Sollte der Patient Schwierigkeiten beim Atmen haben, kann der Angehörige oder sein Berater die Lage im Bett so verändern, dass der Kopf um 20 bis 30 Grad erhöht wird. Konzentrierte Atmung hilft gegen das Gefühl des Schmerzes und der Angst. Aber mehr als die Atemnot fürchtet eine sterbende Person die Verlassenheit. Der Berater kann die Angehörigen ermutigen, sich dieser Angst zu stellen, indem sie versprechen, bis zum Ende da zu bleiben.

Viele Angst- und Schmerzattacken finden nachts statt. Es sollte darum immer überlegt werden, ob es nicht möglich ist, dass Angehörige im selben Zimmer untergebracht werden. Manche Ehepaare haben ihr Leben lang nebeneinander geschlafen. Es gab ihnen Geborgenheit und Trost in schweren Zeiten. Die Erfahrung hat gezeigt, dass sich die Schmerzen des Patienten lindern, wenn der Ehepartner im Zimmer ist.

Wenn es gewünscht wird, sollten auch Krankenbetten nebeneinander gestellt werden, damit sich Angehöriger und Patient
nahe sind.

Angehörige können Ruhe herstellen, indem sie der sterbenden Person Mut machen, ihren Schmerz durch Medikamente behandeln zu lassen. So mancher Patient meint, er
müsse unbedingt Schmerzen aushalten. Er will damit bis zum
Schluss seinen Angehörigen zeigen, wie stark er ist. Angehörige können dem Patienten helfen, sich seiner Schwachheit
zu stellen, indem sie ihm immer wieder versichern, dass man
sich seinem Schmerz zuwendet, wenn er es für nötig hält.

Der Berater hingegen kann die Angehörigen beruhigen,
dass Schmerzmittel einen Sterbenden nicht abhängig machen.
Sollte der Patient noch in der Lage dazu sein, kann er mit den
Angehörigen oder mit dem Berater eine Patientenverfügung
formulieren und unterschreiben, in der die genauen Möglichkeiten einzeln aufgeführt werden, die er bei Bedarf einer
Schmerzbehandlung wünscht, falls er nicht mehr fähig sein
sollte zu sprechen.

Obwohl immer von körperlichem und seelischem
Schmerz gesprochen wird, als ob sie voneinander verschieden wären, besteht keine wirkliche Grenze. Seele und
Körper sind eins. Schmerz resultiert aus den komplexen
Wechselwirkungen körperlicher Empfindungen und seelischer Zustände. Schmerz kann entweder der Seele oder dem
Körper entspringen. Es fängt im Körper an, wenn Gewebe
beschädigt wird und die Nerven eine Notfallnachricht über-
mitteln. Wie der Schmerz gedeutet wird, wie viel Unzufriedenheit ihm eingeimpft wird, hängt von Stimmung, Moral,
Erfahrungen und der Bedeutung ab, die ihm beigemessen
wird. Schmerz ist das, was passiert; Leiden ist die negative
Deutung davon. Sterbende werden oft in einem Kreuzfeuer
von Schmerz und Leiden gefangen. Der Zerfall des Körpers
ist aber nicht immer der Ursprung der Qual, sondern oft
sind es auch unerledigte Lebensereignisse. Darum sollte der
Berater Angehörige immer ermutigen, sich die Lebensgeschichte des Sterbenden genauer anzusehen, um vielleicht

noch eine unentdeckte Ursache der Angst oder des Schmerzes zu finden.

2.2.5.2 Die Angst vor dem eigenen Sterben

Die Angst vor einer wahrhaften Information liegt begründet in der eigenen Angst vor dem Sterben.

Jeder Berater von Angehörigen sterbender Menschen sollte sich daher zuerst mit dem eigenen Sterben und dem Verlust von eigenen Angehörigen auseinander setzen. Es ist wichtig, für sich selbst die Fragen zu beantworten, die möglicherweise Angehörige stellen. Dies sollte man tun, bevor man als Berater das Krankenzimmer betritt oder den Besuch zu Hause macht.

Nicht selten hat der Berater vor dem Betreten eines Krankenzimmers mit einem Sterbenden ein Gefühl der Unsicherheit und des Unwohlseins. Er sollte sich im Klaren sein, dass diese Gefühle von den Angehörigen in viel höherem Masse geteilt werden. Niemand weiß, wie sich die Situation hinter der Krankenzimmertür nach dem letzten Besuch verändert hat. In der Begegnung mit Angehörigen begegnet der Berater also auch seiner Angst vor dem Leid und dem Sterben. Die Angehörigen halten ihm einen Spiegel vor.

Es hilft, sich immer wieder der eigenen Angst bewusst zu werden, um den Angehörigen offen und ehrlich gegenüberzutreten zu können. Je mehr sich ein Berater mit dem eigenen Sterben, dem Abschiednehmen und seiner eigenen Vorstellung nach dem Tod auseinander gesetzt hat, umso leichter kann er begleiten. Dabei ist zu beachten, dass nicht jeder Angehörige eines sterbenden Menschen eine christliche Vorstellung über das Sterben, den Tod und die Auferstehung hat.

In der seelsorgerlichen Beratung ist deshalb das Moment der Freiheit von besonderer Bedeutung. Nichts wäre in so einer Situation schlimmer als missionarische Penetranz. Die Achtung vor dem individuellen Lebens- und Glaubensweg eines jeden Menschen gebietet es, den Weg des Sterbenden als auch den Weg seiner Angehörigen als »ihre Wege« zu einem guten Ende gehen zu lassen.

Wenn der Berater einen eigenen Standpunkt hat, wird er

spüren, wie dieser ihn tragen kann und damit manchmal auch die Menschen, die er begleitet, ganz gleich, welcher Konfession sie angehören oder welche Einstellung zum Leben und Sterben vorliegt.

2.2.5.3 Wut und Aggression

Spätestens wenn der Tod nahe ist, versucht jeder Mensch, mit sich ins Reine zu kommen. Dabei können die unterschiedlichsten Empfindungen aufbrechen: Wenn ein Mensch zum Beispiel mit seinem vergangenen Leben hadert oder gegen den Tod ankämpft, sollte der Berater der Angehörigen darauf gefasst sein, phasenweise mit Aggressionen und Vorwürfen konfrontiert zu werden. Oft erleben Angehörige ihre Erkrankten völlig neu: So kann ein immer friedvoller Mann plötzlich bösartig werden, ja sogar gewalttätig. Auch Sterbende können Kräfte entwickeln, die Pflegepersonal und Angehörige erschrecken.

Die Aufgabe des Beraters besteht dann darin, zwischen den Angehörigen und dem Patienten zu vermitteln, indem er die Angehörigen informiert, dass solche Aggressionen und Wutausbrüche zum Loslassen dazu gehören.

Einem Menschen beim Sterben beizustehen, bedeutet auch, ihn im »Loslassen« zu unterstützen. Abschied vom Leben zu nehmen, heißt, den anderen auch gehen lassen zu können. Ein vielleicht unbewusstes »Festhalten-Wollen« des geliebten Menschen kann es ihm schwer machen, sich mit dem Leben zu versöhnen und auf den Tod einzulassen. Das kann dann zu Aggressionen gegenüber den Angehörigen, dem Pflegepersonal und dem Berater führen.

Gleiches gilt aber auch für die Angehörigen selbst. Aus ihrer Angst, Trauer oder Hilflosigkeit heraus, treten sie dem Berater manchmal mit einer latenten Aggressivität gegenüber. Wichtig ist, solche Reaktionen nicht persönlich zu nehmen, sondern sie möglichst zu akzeptieren und gelassen zu bleiben.

Der Berater hat in solchen Fällen die Rolle des »Stellvertreters«. Er steht stellvertretend für eine höhere Macht, die der

Angehörige für sein Schicksal und das des Sterbenden verantwortlich macht.

2.2.5.4 Lieben und Versöhnen

Manche Angehörige empfinden die Zeit mit dem Sterbenden
als letzte Möglichkeit, ihm ihre Liebe zu zeigen, andere als
letzte Möglichkeit, sich mit dem Sterbenden zu versöhnen.
Auch dies ist ein Zeichen der Liebe, denn ein Leben ohne
Verletzungen gibt es nicht.

Viele Sterbende können nicht loslassen, weil sie sich um
Angehörige sorgen, ein familiäres Tabu im Weg steht oder
eine Unversöhnlichkeit noch nicht bereinigt ist. Wenn in
Gesprächen mit Angehörigen auch nur ansatzweise etwas in
Richtung Lösung gelingt, treten spürbare Entspannungen ein
und bald danach der Tod des Patienten. In der Beratung gilt
es daher, feinfühlig herauszufinden, welche Gefühle vorherr-
schen.

Exkurs: Angehörige und Tabus

*Isabel war 56 Jahre alt, als sie an einem Bauchspeicheldrüsen-
karzinom erkrankte. Wenige Wochen nach ihrer Operation
ereilte sie ein Rückfall. Sie bat den Berater zum Gespräch und
erzählte ihm ihre Geschichte. Isabel war in jungen Jahren in
Berlin eine erfolgreiche Designerin gewesen. Aber irgendwie
war ihr das Leben in Berlin zu langweilig geworden und sie
entschloss sich, nach Amerika auszuwandern. Dort lebte sie
auf einer Ranch in einer Kommune und ging ihrer Leidenschaft
dem Reiten und Pferdezüchten nach. Der Genuss von Drogen
brachte sie mit dem Gesetz in Konflikt, so dass sie im Frauen-
gefängnis landete. Dort lernte sie eine Frau kennen, die ihre
spätere Lebensgefährtin wurde. Von ihr trennte sie sich, als sie
wieder nach Deutschland zurückkehrte. Der Versuch, in Berlin
an die Vergangenheit anzuknüpfen, scheiterte. Ihre Eltern waren verstorben, ihr Bruder wollte nichts mit ihr zu tun haben,*

nur ein Onkel war bereit, sich um sie zu kümmern. Ein knappes Jahr nach der Rückkehr erkrankte sie schwer und kam als Rehabilitationspatientin nach Bad Hersfeld.

In dem Gespräch waren sich Berater und Isabel sehr schnell einig, dass für ihr Leben eine neue Perspektive gefunden werden müsse. Isabel konnte sich sogar vorstellen, Berlin zu verlassen und nach Bad Hersfeld zu ziehen. In einem Telefongespräch mit dem Onkel versuchte der Berater, diese Möglichkeit abzuklären. Dabei informierte er ihn über den Gesundheitszustand seiner Nichte, mit der Bitte, sie vielleicht doch noch einmal zu besuchen. Das lehnte der Onkel mit den Worten ab: »Ich habe mich genug um Isabel gekümmert. Bei ihrem Lebenswandel muss sie wissen, was sie tut. Kein Wunder, dass sie so krank ist!«

Der Berater versuchte dem Onkel deutlich zu machen, dass Isabel nicht mehr lange leben würde und dass es ihr vielleicht helfen könne, sich wenigstens mit einem Familienmitglied zu versöhnen, um dann innerlich wie äußerlich die Zelte in Berlin abzubrechen. Danach sagte der Onkel zu, seine Nichte zu besuchen.

Einen Tag nach diesem Telefonat wurde der Berater plötzlich zur Patientin gerufen. Sie lag sterbend in ihrem Zimmer. Starke Schmerzmittel vernebelten ihr die Wahrnehmungsfähigkeit, dennoch berichtete ihr der Berater von dem Gespräch mit dem Onkel und dass er sie besuchen kommen wolle. Isabel lächelte leise und fragte plötzlich: »Können wir beide miteinander tanzen?« Der Berater bejahte ihren Wunsch. Er nahm ihre Arme und summte einen Walzer. Isabel schloss die Augen und summte mit, dabei schwang sie ihre Arme im Takt. Plötzlich riss sie ihre Augen auf und sagte: »Gott!?!« verkrampfte sich in den Armen des Beraters und während der Berater noch sagte, dass sie wohl bald bei Gott sei, starb sie.

Immer wieder begegnen dem Berater Angehörige, die mit dem Leben des Sterbenden nicht zurechtkamen, weil er gesellschaftliche Tabus durchbrochen hatte, sei es, dass er suchtabhängig war, homosexuelle Beziehungen pflegte, im Gefängnis saß oder die Verwandtschaft betrogen hatte. Sie bauen eine

Mauer zum Sterbenden auf. Der Sterbende wünscht sich aber, dass er auch mit den sogenannten Brüchen des Lebens angenommen wird.

Nachdem Isabel gespürt hatte, dass der Berater sie so annahm, wie sie war, konnte sie ihm auch von ihren Tabubrüchen erzählen. Danach war sie bereit, mit dem Berater nach neuen Lebensmöglichkeiten zu suchen. Zum Schluss hatte sie nur noch den Wunsch, dass ihr einer aus der Verwandtschaft sagte, dass ihr Leben letztlich für sie in Ordnung war. Das geschah mit der Zusage des Onkels, sie zu besuchen. Am Ende ihres Lebens hat sie dann noch einmal ein »Tabu« durchbrochen – indem sie in den Tod getanzt ist, und der Berater hat ihr dabei geholfen.

Tabus müssen gebrochen werden, wenn sie am Sterben hindern. Der Berater hat die Aufgabe, in solchen Situationen Angehörige und Sterbende dazu zu ermutigen. Das symbolische Tanzen am Sterbebett bedeutet ja nicht, dass man sich über den Tod des Patienten freut, sondern dass man seinen Wunsch erfüllt, mit ihm in ein neues Leben zu tanzen. Die letzte Zigarette, die der Patient mit seinen Angehörigen rauchen will, bedeutet ja nicht, dass er unbedingt bis zuletzt einer Abhängigkeit verfallen ist, sondern eine Gemeinschaft pflegen will. Das gleiche gilt für das letzte Glas Wein.

Der Berater kann die Angehörigen ermutigen, die Wünsche eines Sterbenden zu erfüllen, auch wenn diese gegen vermeintliche Regeln und Tabus verstoßen sollten. Im Erfüllen der Wünsche nehmen sie den Sterbenden in seinem So-Sein ernst und geben ihm damit die Würde zurück, mit der er sein Leben gelebt hat.

Es steht keinem Berater und Angehörigen zu, das Leben eines Sterbenden zu bewerten. Jeder Mensch ist auf seine Art und Weise einmalig – auch wenn er gegen sogenannte Tabus verstoßen hat.

Ein Angehöriger, dem es schwer fällt, sich vom Sterbenden zu lösen, sollte gefragt werden, was ihn mit dem Sterbenden verbindet. Hinter der häufig genannten Antwort: »Liebe!«, steht nicht selten mit dem Wörtchen »aber« auch ein anderes

Gefühl: das schlechte Gewissen: »Ich habe meinen Vater doch geliebt, aber ich habe mich zu wenig um ihn gekümmert!« »Wir haben eine gute Ehe geführt, aber zu wenig miteinander geredet. Jetzt geht es nicht mehr! Wenn ich doch nur wüsste, ob ich alles richtig gemacht habe. Sie soll doch in Frieden sterben!«

Einfühlsam greift der Berater die genannten Gefühle auf, akzeptiert sie und ermuntert entweder zum Loslassen oder zum Versöhnen.

Versöhnung spielt in der Beratung der Angehörigen immer eine große Rolle, denn sie haben oft das Gefühl, nicht genug getan, gesagt, geliebt zu haben. Hier helfen Sätze wie: »Ihr Vater/Ihre Mutter haben Sie gut gekannt! Sie waren schließlich ihr Kind! Sie wissen und spüren, was Ihnen wichtig ist und was Sie ihm/ihr noch sagen oder geben wollten!«

»Gehen Sie barmherzig mit sich selber um! Vergeben Sie sich selbst. Ihr Angehöriger hat Ihnen schon lange vergeben, sonst würde er hier nicht so ruhig liegen.« Religiösen Menschen hilft außerdem der Hinweis auf die vergebende Liebe Gottes!

Aber es gibt auch missglückte Beziehungen, die auch im Sterbeprozess unglücklich bleiben, wie eine Liebe, die zerstört wurde, eine Trennung, die vollzogen wurde, ein Abschied, der nicht gelebt wurde, ein Versöhnung, die nicht mehr möglich wurde. Dort, wo dies geschehen ist, hilft es dem Angehörigen, wenn der Berater ihn in seiner Trauer ernst nimmt und darin bestärkt, dass das Vergangene nicht verändert werden kann, weil es unwiederbringlich vergangen ist und nur Gegenwärtiges gelebt werden kann. Die Zukunft aber bleibt offen für alles Neue.

Exkurs: Beratung bei Schuldgefühlen von Angehörigen

Immer wieder wird der Berater in seinen Gesprächen mit den Schuldgefühlen einzelner Angehöriger konfrontiert: »Wie konnte ich nur so leichtfertig in den Tag hinein leben.

Wenn ich doch noch einmal die Zeit zurückdrehen könnte, dann würde ich mehr Gutes tun und weniger Fehler machen, aber ich kann es nicht.« »Hätte ich ihn doch nicht mit dem Auto fortfahren lassen«, »Hätte ich mich nur mehr um ihn gekümmert«, »Hätte ich doch nicht ab und zu, als ich durch die Pflege erschöpft war, gedacht »Wenn doch nur alles zu Ende wäre!«, »Hätte ich ihn früher zum Arzt geschickt, ihm das Rauchen verboten«, »Hätte ich vorher keinen Streit mit ihm gehabt«, »Hätte ich ihn nur in eine andere Klinik gebracht«, »Ich darf nicht leben, wenn er es nicht mehr kann«.

All diese Gedanken führen zu nagenden Schuldgefühlen. Immer dann, wenn Angehörige sagen »Hätte ich mich doch anders verhalten«, schlägt das schlechte Gewissen in ihnen und sie quälen sich mit unsinnigen Gedanken. Besonders in schwierigen Leidsituationen, die entweder plötzlich aufgetreten sind oder einen ganz langen Leidensvorlauf hatten, treten Schuldgefühle auf. Die Angehörigen suchen nach einem vernünftigen Grund, suchen nach jemandem, den sie anklagen können.

Fast alle Menschen, deren Partner im Sterben liegt, machen sich Schuldgefühle. Sie quälen sich oft mit der Frage: »Was habe ich getan, um das zu verdienen?«. Sie werfen sich vor, etwas zu wenig oder falsch gemacht zu haben. Sie sind wütend auf sich selbst und bestrafen sich selbst durch ein nagendes Gefühl, so, als ob sie durch Schuldgefühle etwas gut machen könnten, was sie vielleicht zu Lebzeiten des Sterbenden versäumt haben, so als ob sie ihre Liebe durch schuldbeladene Gefühle beweisen könnten. Besonders wenn die Beziehung durch Streit oder unausgeräumte Auseinandersetzungen mit dem Sterbenden belastet sind, treten dieses Schuldgefühle auf.

Spürt der Berater dieses Empfinden, kann er die Angehörigen darauf aufmerksam machen, dass diese Schuldgefühle das Geschehene, den Sterbeprozess, nicht mehr rückgängig machen können. Schuldgefühle können nichts ungeschehen machen, und die Angehörigen haben auch in der Zukunft keine Chance, das am Sterbenden ungeschehen zu machen, was sie im Moment bedrückt. Stattdessen behindern Schuldgefühle den Abschied und nach dem Tod die Öffnung für neue Menschen.

Der Berater kann im Gespräch versuchen, den Angehörigen ihre Schuldgefühle abzunehmen, indem er darauf verweist, dass sie mit ihren Gefühlen zwar nichts Falsches machen, aber sich einem zukünftigem Leben verweigern. Sie werden auch in der Zukunft nicht davor bewahrt, Fehler zu machen – aber vielleicht können sie, wenn sie gelernt haben, barmherziger mit sich selber umzugehen, leichter zu ihren Fehlern stehen.

Es ist sicherlich sinnvoll, ein Verhalten zu bedauern, wenn es dem Patienten wirklich geschadet hat, es ist aber nicht sinnvoll, sich dafür als Mensch zu verurteilen und von sich zu fordern, fehlerlos zu sein. Wenn sich Angehörige Schuldgefühle machen und keine Möglichkeit sehen, ihren Fehler zu korrigieren, dann haben sie die Wahl, sich entweder ihr Leben lang Schuldgefühle zu machen oder aber ihre Schuldgefühle aufzugeben.

Hat der Berater geklärt, ob ein tatsächliches Versagen vorgelegen hat oder ob es sich um ein Schuldgefühl handelt, das seine Ursache in der Persönlichkeitsstruktur des Angehörigen hat, kann er versuchen, sich mit dem Angehörigen dessen Lebensgeschichte anzuschauen.

Nicht selten werden dann enge Verbindungen zum Sterbenden aufgedeckt und der Angehörige erkennt, dass es sich bei seinem Schuldgefühl eher um eine tiefe Traurigkeit handelt, die er anlässlich des bevorstehenden Todes empfindet.

Schuldgefühle gehören zu jedem Trauerprozess. Wir werden immer schuldig an der Beziehung zu einem anderen Menschen. Es ist deshalb auch sinnvoll, diese Schuldgefühle wahrzunehmen und sie aufzunehmen. Sie sind dazu da, unser Verhalten allenfalls zu verändern. Schuldgefühle sollen daher auch nicht ausgeredet werden. Für Gefühle müssen die Angehörigen keine Beweise beibringen, ihre Gefühle gelten. Partner, die weniger Schuldgefühle haben, sollten diese Gefühle, so unangenehm sie auch sein können, dennoch nicht wegerklären, sondern sie aufnehmen – auch aufnehmen, wie quälend diese Gedanken und Gefühle sein müssen.

Wenn es dann dem Angehörigen gelingt, seine Schuldgefühle umzudeuten, dann hat das nichts damit zu tun, dass er sein Verhalten gutheißt, sondern er verzeiht sich lediglich, ein fehlerhafter Mensch zu sein. Er nimmt sich in seiner Zerbrechlichkeit an.

Ist der Angehörige religiös gebunden, kann in dieser Phase der Berater auch Gott ins Spiel bringen. Es kann dem Angehörigen gut tun, wenn ihm Vergebung zugesagt wird. Weniger religiösen Menschen hilft der Hinweis, dass der Mensch nur sieht, was vor Augen ist, dass Gott aber das Herz ansieht. (1.Samuel 16,7) Wesentlich ist für die Angehörigen, dass sie vertrauen können, mit aller empfundenen Schuld und Begrenzung immer wieder Akzeptanz zu finden. Gleichzeitig kann der Berater darauf hinweisen, dass nicht die Angehörigen das Leben des Sterbenden in der Hand haben, sondern ein anderer. Dabei kann der Berater auch mal aktiv betonen: »Hören Sie auf, sich vorzuwerfen: »Wenn ich nur das ... gemacht oder ... nicht gemacht hätte«. Sagen Sie sich stattdessen: »Ich habe mein Bestes gegeben. Ich habe getan, was mir in diesem Augenblick richtig erschien. Ich habe getan, was mir in diesem Augenblick möglich war. Ich habe keine Wahl, wer sterben soll und wer nicht. Der Tod unterliegt nicht der menschlichen Kontrolle«.

Schuldgefühle bei Angehörigen Sterbender haben immer sehr viel mit Kontrollverlust zu tun. Die Angehörigen schaffen es nicht, die Situation zu kontrollieren, weil Sterben eben unkontrollierbar ist – und setzen sich damit selber unter Druck, anstatt den Prozess seinen Lauf zu lassen. Sie wollen nicht die Kontrolle über das Leben abgeben – weder die Kontrolle über das Leben des Sterbenden noch die Kontrolle über das eigene Leben. Sie haben starke innere Forderungen, die sie daran hindern, frei und offen mit der Situation des Sterbens umzugehen. Schuldgefühle entstehen, indem Angehörige denken, dass sie etwas tun, was sie nicht tun dürften, oder etwas nicht tun, was sie glauben, hätten tun zu müssen. Der Berater kann die Angehörigen ermutigen, die inneren Anforderungen an sich selbst zu verändern.

Es ist in Ordnung, wenn dies den Angehörigen schwer fällt und wenn ihnen dabei Tränen kommen. Denn es ist kein leichter, aber wichtiger Weg, sich selbst zu verzeihen.

Sowohl im Auftreten als auch beim Umgehen mit den Schuldgefühlen sind große Unterschiede zwischen Menschen sichtbar. In Extremsituationen zeigt sich dann, wie schon immer mit Schuldgefühlen umgegangen worden ist, ob die Angehörigen Menschen sind, die sich leicht Selbstvorwürfe machen, leicht auch Schuldzuschreibungen akzeptieren, ob sie sich für vieles verantwortlich fühlen, oder ob sie eher sehen, dass sich das Leben in Wechselwirkungen abspielt. Dabei wird ersichtlich, ob sie Schuld auch wirklich akzeptieren können, oder ob sie von sich fordern, unschuldige Menschen zu bleiben.

Dann kann es hilfreich sein, wenn der Berater die Angehörigen ermutigt, ihre Gefühle und besonders den Grund ihrer Gefühle aufzuschreiben. Die Angehörigen erkennen in ihren Aufzeichnungen, dass Schuldgefühle eng verknüpft sind mit Gefühlen der Wut auf sich selbst. Der Berater kann die Angehörigen später ermutigen, zu überlegen, was sie anders machen möchten. Vielleicht entdecken die Angehörigen, dass sie sich nach dem Tod des Patienten Wünsche erfüllen können, die sie sich früher verboten hatten oder dass sie sich für ihre eigene Gesundheit mehr Zeit nehmen wollen, dass sie bewusster leben wollen. Auf diesem Weg verwandeln sie ihre vermeintlichen Fehler in eine Chance für ihr weiteres Leben. Anstatt bei lähmenden Selbstvorwürfen stehen zu bleiben, lernen die Angehörigen, sich dem Leben zu öffnen. Sie erkennen dass sie noch am Leben teilnehmen und die Freiheit haben, zu entscheiden, wie sie weiterleben möchten. Sie spüren, dass sie selbst für ihr Leben verantwortlich sind.

2.2.5.5 Mut der Verzweiflung

Es gibt Angehörige, die versuchen gerade in der letzten Lebensphase ihres Erkrankten alles Mögliche für ihn zu tun: Sie überschlagen sich regelrecht mit Hilfsangeboten. Dies ist an überfüllten Tischen mit Essensangeboten, mit Leseangeboten, mit Medikamentensammlungen und der ständigen Frage der Angehörigen: »Was kann ich noch für dich tun?« zu erkennen.

Die Angehörigen verlassen das Zimmer des Sterbenden nur, wenn es unbedingt notwendig ist, z.b. wenn sie selbst zur Toilette müssen. Sie möchten keinen Augenblick verpassen, denn es könnte ja der letzte sein. Damit tun sie aber weder sich noch dem Sterbenden einen Gefallen.

In der Regel sehnt sich der Sterbende nach einem »gewohnten Ablauf« seiner letzten Lebenstage und dazu gehören Weggehen und Wiederkommen auch der Angehörigen. Hier besteht die Beratung darin, dass sich Angehörige den Lebensablauf des Sterbenden in seinen guten Tagen noch einmal vor Augen führen.

Folgende Fragen des Beraters können weiterhelfen
– Wie haben Sie und Ihr Mann die Tage vor der Erkrankung gestaltet?
– Wie viel Zeit haben Sie am Tag miteinander verbracht?
– Wie haben Sie Ihre Urlaube gestaltet?

Entsprechend der Antworten kann der Berater die Angehörigen ermutigen, auch die schlechten Tage zu gestalten und dabei auf Distanz und Nähe zum Sterbenden zu achten.

Oft wird den Angehörigen dann bewusst, dass ihr Handeln weniger aus einem echten Hilfsangebot heraus geschieht, sondern aus dem Mut der Verzweiflung. Sie können es nicht ertragen, in Ruhe und Gelassenheit auf den Tod ihres Erkrankten zu warten oder ihn in seinen Schwankungen zu begleiten, sondern müssen etwas tun, um von ihrer eigenen Verzweiflung abzulenken. Sie merken dabei nicht, dass sie den Erkrankten auf seinem Weg einengen und genau das Gegenteil von dem erzeugen, was sie eigentlich wollen: festhalten statt los lassen.

Je fester sich Angehörige an ihre eigenen Alltagsrituale halten, umso mehr können sie dem Sterbenden helfen, sich auf seinen eigenen letzten Weg zu machen. Der Berater kann die

Angehörigen ermutigen, Vertrauen in den Sterbenden zu haben und seine Bedingungen, die Angehörige und Begleitende oft nur vermuten können, zu akzeptieren.

Der Berater ermutigte Herrn G., seinen Lebensrhythmus beizubehalten, auch wenn es ihm schwer fiel, seine Frau in den Morgenstunden allein zu lassen. Herr G. wurde dadurch Tag für Tag ruhiger, auch wenn er sich manchmal noch fragte, was er denn für seine Frau noch tun könne.

2.2.5.6 Überforderung durch den Sterbenden

Während sich manche Angehörige durch den Mut der Verzweiflung bei der Begleitung ihrer Erkrankten selbst überfordern, gibt es auch Sterbende, die die Angehörigen überfordern: Sie verlangen, dass immer jemand da zu sein hat. Sie reagieren mit Unruhe, wenn der Angehörige das Zimmer verlässt oder wenn eine andere Bezugsperson als die gewohnte die Krankenbettwache übernimmt. Sie werden aggressiv oder verändern ihr Wesen derart, dass es der Angehörige nicht mehr erträgt. Sie essen und lassen sich nur dann pflegen, wenn es ein bestimmter Angehöriger ist, der das Essen reicht oder die Pflege vornimmt. Die Begleitung des Sterbenden ist häufig nur auf eine Bezugsperson konzentriert.

Diese Form der Überforderung der Angehörigen durch den Sterbenden ist im häuslichen Bereich mehr zu beobachten als in einer Klinik.

Zwar unterstützen ambulante Pflegedienste in der häuslichen Pflege, doch oft werden die Angehörigen durch den Sterbenden schon bald an die Grenzen ihrer Belastbarkeit geführt. Hier gilt es, schon recht früh ein Netzwerk aufzubauen, in dem auch der Berater integriert ist: Bei bösartigen Tumorerkrankungen sollte neben den Pflegediensten auch ein Palliativ-Care-Team eingebunden sein, das die Angehörigen in der Begleitung des Sterbenden berät. Auch ein ambulanter Hospizdienst kann helfen.

Die Aufgabe des Beraters besteht darin, für die Entlastung der Angehörigen zu sorgen. Auch hier gilt es, auf tragende

Verhaltensstrukturen und Alltagsrituale in guten Tagen zu verweisen. Sie machen deutlich, wie viel Distanz und Nähe der Sterbende braucht.

Daneben kann der Berater auf die genannten Hilfsdienste verweisen. Manche Angehörige werden schon dadurch entlastet, dass sie sich nicht um das Essen zu kümmern brauchen, wenn die Versorgung ein Hilfsdienst übernimmt.

Im Umgang mit dem Sterbenden ist es manchmal für den Schutz der Angehörigen notwendig, dass sie dem Sterbenden ganz bewusst das Alleinsein zumuten, damit dieser sich mit seiner Situation auseinandersetzen kann, und diese Distanz ist zumutbar, weil nur dann die Nähe wieder neu erfahren werden kann.

2.2.5.7 Distanz und Nähe

Ein großes Augenmerk sollte der Berater von Angehörigen der Distanz und Nähe zum Sterbenden widmen, denn das Zusammenleben von Menschen ist durch das ausgewogene Verhältnis von Distanz und Nähe bestimmt, daran ändert sich auch im Sterbeprozess nichts.

Allerdings zeigt die Erfahrung, dass dort die Grenzen von Distanz und Nähe am ehesten verschwimmen.

Für den Berater kann es hilfreich sein, sich vorher im Gespräch mit den Angehörigen ein Bild zu machen, inwieweit sie in ihrem Alltagsleben Distanz und Nähe mit dem Sterbenden gelebt haben. Manche Angehörige neigen dazu, gerade in der letzten Lebensphase dem Sterbenden im wahrsten Sinne des Wortes »auf die Pelle« zu rücken, in dem sie ihn ständig streicheln und festhalten. Andere wiederum stehen im Abstand von einem Meter am Bett des Sterbenden und trauen sich nicht, ihn zu berühren, obwohl er sich das wünscht.

Während der Berater in dieser Situation zur Berührung ermutigen kann, kann es im anderen Fall hilfreich sein, darauf hinzuweisen, dass die Angehörigen dem Sterbenden helfen, sein Leben loszulassen, wenn sie ihn selber los geben. Wird

ein Patient festgehalten oder durch Streicheleinheiten er-
drückt, kann er nicht sterben.

Auch hier helfen den Angehörigen die Fragen des Beraters:
- Wie haben Sie früher gelebt?
- Gab es in Ihrer Familie gefühlte Nähe?
- Haben Sie viel Zärtlichkeit ausgetauscht oder eher distan-
  ziert gelebt?

Je nachdem wie sich das Verhältnis gestaltet hat, sollte auch
die letzte Lebensphase gelebt werden. Mit der Frage des Beraters an die Angehörigen:»Wie hätten Sie es denn gern, wenn
Sie an seiner/ihrer Stelle liegen würden?« hilft der Berater den
Angehörigen, über ihre eigenen Gefühle zu sprechen und
dabei die Gefühle des Sterbenden zu reflektieren. So finden
Angehörige durch ihre eigenen Antworten das richtige Verhältnis von Distanz und Nähe.

2.2.5.8 Konkurrenz am Sterbebett

Wie an jedem Krankenbett gibt es auch am Sterbebett eine
Konkurrenzsituation zwischen dem Pflegepersonal, den Angehörigen und manchmal auch dem Berater. Dies kommt
daher, weil alle das Beste für den Sterbenden wollen, aber oft
nur nach ihren eigenen Vorstellungen denken und handeln.

Pflegepersonal und Berater sollten ein gemeinsames Ziel
haben, den Angehörigen und dem Sterbenden zu helfen, die
letzte Zeit des gemeinsamen Lebens tragend zu gestalten.

So sollten sie einander ihre Informationen austauschen,
um miteinander und nicht gegeneinander zu arbeiten. Stellt
der Berater Konfliktsituationen von Pflegepersonal und Angehörigen am Sterbebett fest, sollte er die Arbeiten des Pflegepersonals nicht in Gegenwart der Angehörigen kritisieren.
Die meisten Kritikpunkte können im Stationszimmer geklärt
werden. Wenn der Berater das Pflegepersonal über seine An-
wesenheit informiert, wäre es wünschenswert, wenn auch das
Pflegepersonal nach Möglichkeit Rücksicht auf die Arbeit des
Beraters nimmt.

Während Pflegepersonal und Berater solche Situationen

normalerweise kennen und in einem vertraulichen Gespräch die Problemfälle ausräumen können, so leben Angehörige am Bett des Sterbenden häufig unerledigte Konflikte aus:

Da liegt z.B. die Mutter zweier erwachsener Kinder im Sterben. Die Tochter kümmert sich aber mehr um die sterbende Mutter als ihr Bruder. Als dieser an das Sterbebett seiner Mutter treten will, wird er von seiner Schwester aus dem Zimmer gewiesen.

In einem anderen Beispiel gibt es zwischen dem Sterbenden und seinem Bruder einen ungelösten Konflikt aus der Vergangenheit. Durch ständige Besuche versucht der ältere Bruder seinen jüngeren erkrankten Bruder zum Umdenken zu bewegen und löst bei der Ehefrau des Todkranken ablehnende Gefühle aus: »Kannst du uns denn nie in Ruhe lassen?«

Ebenso verhinderte ein Vater den Besuch der Kinder am Sterbebett ihrer Mutter mit dem Hinweis: »Ihr habt euch sonst nicht um uns gekümmert, jetzt braucht ihr auch nicht mehr zu kommen!«

Hinter all diesen Verhaltensweisen stecken unerledigte Konflikte, Verletzungen aus der Vergangenheit, Ängste und nicht selten Schuldgefühle: Sie lösen auf den letzten Metern des gemeinsamen Lebens das Gefühl aus, die Angehörigen müssten gerade jetzt besonders viel Gutes für den Sterbenden tun.

Erkennt der Berater diese Situation am Sterbebett, kann er versuchen, mit den Angehörigen darüber ins Gespräch zu kommen. Auch hier hilft das Angehörigendiagramm oder das Beschreiben der Situation:

Berater zu einer Besucherin des Sterbenden: »Am Vormittag sehe ich die Schwester, am Nachmittag den Bruder. Beide sind lange am Bett des Vaters, aber sie sind nie gemeinsam da.« Besucherin: »Sie verstehen sich ja auch nicht! Nicht mal jetzt, wo es dem Vater so schlecht geht! Die Tochter würde am liebsten den ganzen Tag hier sein.« Der Berater antwortet: »Dann werde ich versuchen, am kommenden Vormittag mit der Tochter allein zu sprechen.«

Trotz aller Vorsicht, nicht in das Konkurrenzspiel der

Angehörigen hineingezogen zu werden, kann es passieren,
dass Angehörige ihr Konkurrenzverhalten auch auf den Berater übertragen. Spürt der Berater dies, ist es hilfreich, sich
vorsichtig zurück zu ziehen oder den Angehörigen in einem
Gespräch klar zu machen, warum sie sich so verhalten, wie
sie sich verhalten. Manche Angehörige sind froh über ein
aufklärendes Gespräch, weil darin alte Verhaltensmuster zur
Sprache kommen, die sie in ihrer Familie gelebt haben, andere Angehörige lehnen dies als Einmischung in ihre Famili-
enkommunikation ab.

In so einem Fall kann der Berater das Angebot des Ge-
sprächs aufrechterhalten, wenn er seine Visitenkarte mit
Telefonnummer oder den Hinweis auf Erreichbarkeit über die
Station hinterlässt.

2.2.5.9 Anerkennung der Angehörigen

Angehörige leisten in der Begleitung eines Sterbenden seelische Schwerstarbeit. Darum tut es ihnen gut, wenn der Berater diese Arbeit anerkennt. Dies kann dadurch geschehen,
dass er die Angehörigen für ihren Einsatz lobt und seine Anerkennung ausspricht.

Zwar lehnen Angehörige diese Anerkennung im ersten
Moment ab, weil es »doch eine Selbstverständlichkeit ist, für
den Sterbenden da zu sein«, aber dennoch freuen sie sich,
dass ein sogenannter Profi ihnen Anerkennung zollt. Die
Angehörigen fühlen sich durch die Anerkennung ihres Han-
delns bestärkt. Unsicherheiten weichen. Mancher Schritt, der
vorher aus Angst unterlassen wurde, wird jetzt getan, z.B. den
Sterbenden zu berühren oder mit komatösen Patienten ganz
normal zu sprechen.

Darüber hinaus ermöglicht die Anerkennung der seelischen Schwerstarbeit, dass die Angehörigen ihre eigene
Schwäche eingestehen können: Jemand der eine gute Arbeit leistet und anerkannt wird, kann auch seine Schwäche
zeigen. So öffnen sich die Angehörigen dem Berater und
berichten von ihren Ängsten und Sorgen, von ihren Unsicherheiten und vor allem von den Erlebnissen mit dem Ster-

benden. Dieses Erzählen befreit und hilft, den Sterbenden los zu lassen.

Neben dem verbalen Loben kann der Berater seine Anerkennung aber auch durch Zeichenhandlungen ausdrücken, z.b. indem er dem Angehörigen den Arm um die Schulter legt oder fest die Hand drückt.

Gerade Männer brauchen diese Anerkennung. Sie tun sich in der Begleitung Sterbender etwas schwerer als Frauen, laufen manchmal auch vor schwierigen Situationen am Ende des Lebensweges weg. Um sie in der Begleitung zu stärken, ist es hilfreich, wenn der Berater ihnen anerkennende Worte oder Zeichen übermittelt.

Nachdem Herrn G. vom Pflegepersonal den Hinweis erhalten hatte, er möge doch mal an sich denken und vom Berater ermutigt worden war, seinen alten Lebensrhythmus etwas aufrecht zu erhalten, erlaubte er sich, seine für ihn negativen Gefühle zu beschreiben: »Ich ertappe mich doch tatsächlich dabei, dass ich auf den Tod meiner Frau warte. Ist das nicht schrecklich? Ich fühle mich so hilflos, so leer, so erledigt, dass ich mir nichts sehnlicher wünsche, als dass es vorbei sei.«

Der Berater nahm diese Worte auf und bestärkte Herrn G. darin, dass er, gerade indem er trotz dieser Gefühle nicht davon liefe, Großartiges leiste. Während der Vergangenheitsreise wurden die tragenden Gefühle verstärkt.

Exkurs: Beratung von Angehörigen Sterbender nach einem Unfall

Wird der Berater zu Angehörigen gerufen, deren Patient nach einem Unfall im Sterben liegt, findet er oft die Angehörigen in einem Schockzustand vor. Viele Untersuchungen zeigen, dass der Schockzustand und das Nicht-Wahrhaben-Wollen bei einem plötzlichen Ereignis länger dauern. Und so ist der erste Impuls der Angehörigen, dass sie nicht glauben können, was sie sehen. Sie stehen wie gelähmt vor dem Krankenbett. Sie trauen sich nicht, den Sterbenden zu berühren, weil diese Berührung an die Realität erinnern würde, die sie innerlich verdrängen. Sie wollen nicht wahrhaben, was geschehen ist. Sie sind voller Schmerz. Manche sind auch voller Wut – entweder auf den Sterbenden, weil er sie so plötzlich verlässt und ihnen soviel Leid antut oder auf das Schicksal allgemein, das ihnen diese Last aufbürdet. Die Angehörigen suchen nach einem Sündenbock und wehren sich, manchmal sogar mit körperlicher Gewalt, gegen die auf sie zukommende Wahrheit.

Der seelsorgerliche Berater kann in so einer Situation zum »Blitzableiter« der vorherrschenden Gefühle werden, indem er stand hält und mit aushält. Dabei kann es ihm passieren, dass er zum Angriffspunkt des Angehörigen wird, weil er stellvertretend für eine höhere Macht steht, die dieses Schicksal zugelassen hat. Die Theodizeefrage steht im Vordergrund.

Wenn sich der Berater direkt neben den Angehörigen stellt, kann er körperlich seine Angespanntheit, Ohnmacht und Verzweiflung spüren. Manchmal tut es dem Angehörigen gut, wenn der Berater ihn berührt, um die verbundene Nähe zu signalisieren. Es hilft dem Angehörigen wenig, wenn der Berater in dieser Situation anfängt, zu sprechen. Vielmehr sollte er so lange warten, bis der Angehörige sein Leid ausspricht, das meistens mit dem Wort: »Warum?« beginnt. Da der Berater auch keine Antwort auf diese Frage weiß, sollte er dies offen bekennen. Damit solidarisiert er sich mit dem Angehörigen und seinen verzweifelten Fragen. Danach kann er sich vom Angehörigen schildern lassen, was bis zu dem Zeitpunkt alles passiert ist. Dieses Erzählen hilft dem Angehörigen, sich in der Situation des Abschiednehmens zurecht zu finden. Auch wenn der Sterbende nicht ansprechbar erscheint, kann der Berater den Angehörigen ermutigen, noch etwas zu sagen, was er schon immer einmal sagen wollte – Liebendes, Verzeihendes, vielleicht auch Tröstendes. Dies hilft dem Sterbenden zu gehen. Ungesagtes und Unerledigtes zwischen dem Sterbenden und seinen Angehörigen kann auf beiden Seiten die Verarbeitung erschweren.

Manchmal machen sich Angehörige in solch einer Situation Vorwürfe, etwas versäumt zu haben. Hier kann der Berater kritisch hinterfragen, ob die Vorwürfe realistisch und hilfreich sind und die Angehörigen ermutigen, mit sich selber barmherziger umzugehen.

Beratung von Angehörigen Sterbender nach langer Krankheit
Wenn sich der Tod beim Patienten in Form einer chronischen Erkrankung ankündigt, haben die Angehörigen die schwere Aufgabe, sich über einen längeren Zeitraum mit ihren Gefühlen auseinander zu setzen. Sie fühlen sich der Krankheit hilflos und ohnmächtig ausgeliefert und müssen mit ansehen, wie der Patient immer mehr verfällt. Die Angehörigen schwanken zwischen dem Bedürfnis, dem Patienten immer wieder neuen Mut zuzusprechen und dem allmählichem Abfinden des Sterbens.

Manchmal wünschen sie dem Patienten den baldigen Tod, dann wieder möchten sie gern noch mehr tun, damit der Patient noch lange lebt. Das Ergebnis dieser schwankenden Gefühle sind aufkommende Schuld- und Überlastungsgefühle. Die Angehörigen befinden sich auf einer Gratwanderung zwischen dem Loslassen, dem Damit-Abfinden-Müssen und dem gleichzeitigen Schuldig-Fühlen, weil der Patient noch lebt.

Beratung nimmt diese Gefühle auf und versucht, die Angehörigen zu entlasten, indem sie Mut macht, über diese Gefühle zu sprechen: »Akzeptieren Sie Ihre Gefühle. Es ist in Ordnung, was Sie empfinden. Sie dürfen wütend auf ihren Partner sein, weil er Sie verlässt. Sie können traurig sein. Sie müssen nicht immer stark sein. Sie können auch Ihrem Partner Ihre Gefühle zeigen. Sagen Sie ihm, was Sie an ihm schätzen oder worüber Sie vielleicht auch enttäuscht waren. Aber geben Sie ihm das Gefühl, dass Sie auf seiner Seite sind und seinen Weg annehmen. Schätzen Sie ihn wert!«

Angehörige, die einen Patienten über eine lange Zeit der Krankheit begleitet haben, fühlen sich oft ausgelaugt und entkräftet. Neben dem Hinweis, dass Angehörige immer auf

sich selber zu achten haben, kann der Berater aber auch Tipps
zu Selbsthilfegruppen geben. Z.B. gibt es an manchen Orten
die Selbsthilfegruppe »Pflegender Angehörige«. Dort treffen
sich Angehörige, die über Jahre einen Menschen pflegen und
sich langsam auf dessen Tod vorbereiten. Im Austausch ihrer
Erfahrungen erkennen sie, dass es anderen ebenso geht. Diese
Solidarität stärkt für weitere Schritte.

Beratung von Angehörigen sterbender Kinder
»Kinder, die geboren werden, nur um zu sterben. Kinder, die
tot geboren werden. Es gibt kaum etwas, das widersprüchli-
cher wäre.« Das sind Empfindungen von Angehörigen, die
neben ihrem Kind stehen und mit ansehen müssen, dass es
stirbt. Natürlich wissen sie und der Berater, dass dies in der
Natur und in der vom Menschen beherrschten Welt tausend-
fach geschieht. Trotzdem wehrt sich alles in ihnen dagegen.
Die Geburt des Kindes ist für viele Menschen ganz allgemein
ein Symbol der Hoffnung. Ein neugeborenes Kind ist wie eine
Bestätigung des Versprechens, dass das Leben Zukunft hat
und sich immer wieder erneuert. Bei ihren eigenen Kindern
erleben Eltern, dass auch sie Leben weitergeben können. Dass
dann ihre Kinder vor den Eltern sterben, erst recht, wenn
sie nur ganz kurz gelebt haben, verletzt Eltern in ihrer Liebe
zu ihren Kindern und in ihrem Recht darauf, Eltern zu sein.
Eltern sterbender Kinder verzweifeln, an der Schöpfung, an
Gott, der es zulässt, dass Kinder sterben, der nicht eingreift,
trotz aller Gebete, aber sie verzweifeln auch an sich selbst.

Sie zu beraten ist deshalb so schwer, weil sie sich nicht nur
mit einem sterbenden Kind auseinandersetzen, sondern in
ihrem sterbenden Kind auch ihren eigenen Tod sehen.

Sie können es nicht begreifen und wehren sich innerlich
gegen das Schicksal. Der Berater ist in dieser Situation als
Stütze gefragt. Die Eltern und Angehörigen wollen weniger
Fragen beantwortet haben als in ihrem Gefühl gestützt zu
werden, dass alles Leid widersinnig ist. Hier ähneln sie in ihren Gefühlen den Angehörigen von Unfallopfern. Auch hier
steht die Theodizeefrage besonders im Vordergrund und der

Berater sollte sich nicht vorschnell zu einer Beantwortung provozieren lassen.

Neben dieser Frage quälen sich viele Eltern mit Schuldgefühlen: »Warum gerade wir, warum gerade ich? Was habe ich falsch gemacht, was haben wir falsch gemacht? Bin ich schuld daran? Sind wir schuld daran?«

Manchmal versuchen sie, diese Schuldgefühle zu vermeiden, indem sie nach Schuldigen suchen, Menschen, die etwas versäumt oder die nicht optimal gearbeitet haben. Diese Schuldigen findet man natürlich; denn wo Menschen sind, werden immer auch Fehler gemacht, da gibt es immer Situationen, in denen man nicht optimal reagiert hat. Aber auch, wenn die Schuldigen gefunden worden sind, wird das Kind dadurch nicht wieder lebendig, und letztlich nagt dann doch die Frage an den Eltern: Was haben wir falsch gemacht? Da werden Ernährungsgewohnheiten, Lebensgewohnheiten, Aufsichtspflichten, nach längerer Krankheit auch eingenommene Medikamente dafür verantwortlich gemacht, dass das Kind sterben muss.

Diese Überlegungen haben alle eine Grundlage: Als Menschen werden wir immer Fehler machen, etwas versäumen. Aber genügen diese Versäumnisse, um den Tod eines Kindes zu erklären? Ist es nicht vielmehr so, dass Eltern für diesen Tod eine Erklärung haben müssen, so unerklärlich, so unglaublich er für sie ist?

Vielleicht steht hinter den Schuldgefühlen von Eltern noch tiefer das unbewusste Wissen, dass sie ihr Kind in ein Leben hinein geboren haben, das Tod, Hass, Verlust, Schmerzen, Leid kennt, und dass niemand es vermeiden kann, weil dies zu vermeiden nicht in ihrer Macht steht, weil es zum menschlichen Leben an sich dazu gehört. Aber Eltern möchten es vermeiden, möchten nur den positiven Aspekt des Lebens vermitteln und erleben durch den Sterbeprozess ihres Kindes, dass nichts in ihrer Macht steht.

Neben den Schuldgefühlen gibt es nicht selten Vorwürfe gegen sich selbst und gegeneinander. Oft braucht es nur einen geringen Anlass von außen, ein unbedachtes Wort oder eine ungeschickte »Beileidsbezeugung«, um diese Frage laut werden zu lassen. Es geht hier aber nicht um »richtige« oder »falsche« Antworten auf diese Fragen, so als wäre der Berater ein Lehrer, der die Hausaufgaben der Eltern, der Natur oder Gottes korrigieren und benoten könnte.

Es gibt Paare, die durch den Verlust eines Kindes große Schwierigkeiten bekommen, andere rücken mehr zusammen, können den Verlust so verarbeiten, dass zwischen ihnen eine neue, größere Nähe entsteht. Es ist allerdings nicht selten, dass große Schwierigkeiten zwischen den Partnern auftreten, dass unausgesprochen Vorwürfe gemacht werden, einander auch »Schuld« zugeschoben wird. Jeder der beiden ist enttäuscht, dass die Situation nicht gerettet werden konnte, dass dem Partner/der Partnerin dadurch so viel Schmerz zugefügt wurde. Auch fühlen sich viele Menschen verpflichtet, dem Partner/der Partnerin den Schmerz wegzunehmen, das ursprüngliche Wohlbefinden wieder herzustellen. Das ist aber in dieser Situation nicht so leicht möglich. Am ehesten noch dann, wenn man die Trauer miteinander teilen kann, wenn es auch weiter möglich ist, zärtlich miteinander zu sein, wenn zumindest über die Bedürfnisse nach Sexualität und die Probleme damit geredet werden kann. Diese können nämlich sehr unterschiedlich sein, besonders in dieser Situation. Hemmend wirkt oft auch, dass die Traueräußerungen so sehr verschieden sind, oder dass geschlechterspezifisch reagiert wird: Der Mann hat das Gefühl, er müsse die heftigen Trauerausbrüche der Frau kompensieren, wenigstens er müsse noch die »Sinne beieinander halten«. Die Frau fühlt sich in einer solchen Situation brüskiert durch die angebliche Kälte ihres Partners und fühlt sich noch zusätzlich verlassen.

Trauer ist eine Emotion, die den Rückzug suchen lässt, und das oft auch in der Partnerschaft.

Ein Elternpaar hatte zwei Jahre ihre 16jährige Tochter, die an einem unheilbaren Gehirntumor litt, begleitet. Ein halbes Jahr vor dem Tod der Jugendlichen wurde ein Berater hinzugezogen. Er ermutigte die Angehörigen, trotz der Belastungen auf sich zu achten und außer den Krankenhausbesuchen auch noch etwas anderes gemeinsam zu machen, das sie von der schwierigen Aufgabe ablenkte. Doch die Eltern gingen nicht auf den Vorschlag ein, sondern wechselten sich tag aus tag ein am Krankenbett ihres Kindes ab. Der Berater spürte bei seinen Besuchen, dass sich die Eltern immer mehr voneinander entfernten. Manchmal wurde der Berater in ihr Konkurrenzverhalten am Krankenbett hineingezogen. Obwohl der Berater die Eltern auf ihr Verhalten aufmerksam machte und darauf, welche Auswirkung dies auf ihre sterbende Tochter hatte, gingen die Eltern nicht darauf ein. Die Jugendliche war keine zwei Wochen verstorben, da trennten sich die Eltern, weil sie sich in den Jahren höchster Belastung auseinander gelebt hatten.

Findet dieser Rückzug statt, ist es schwer, wieder Zugang zueinander zu finden. Wird das Verlusterlebnis aber als gemeinsam zu bewältigende Aufgabe gesehen, dann kann auch eine neue Nähe stattfinden, können vielleicht Emotionen miteinander erlebt und geteilt werden, die zuvor nicht zugänglich waren. Aber auch unter diesen günstigen Umständen ist zu bedenken, dass Menschen verschieden trauern, dass jeder Mensch seinen eigenen Rhythmus hat, auch in der Trauerarbeit. Während einer der Partner gegen das Schicksal rebelliert, kann der andere gerade ein erstes Mal den Verlust akzeptieren und fühlt sich bedroht durch die Rebellion in seiner gerade erst jetzt möglich gewordenen akzeptierenden Haltung. Tage später mag es wieder ganz anders aussehen, da über längere Zeit Rebellion und das Gefühl, das Schicksal annehmen zu können, den Verlust auch als etwas Wesentliches im Leben zu sehen, nebeneinander bestehen können, ja sich abwechseln können.

Trauerphasen sind für ein Paar sehr belastende Phasen. Schwierigkeiten, die es schon immer gegeben hat, werden deutlich sichtbar, und sie erschweren die gemeinsame Trauerarbeit oder machen sie sogar unmöglich. Andererseits kann gerade diese Zeit des Umbruchs und der großen Belastung auch dazu führen, dass Menschen einander sich näher zei-

gen können. Es ist allerdings daran zu denken, dass jeder der
Partner eine eigene Beziehung zum Kind hatte, die Trauer
kann nicht nur eine gemeinsame sein, sie muss auch eine individuelle sein.

Und so kann der Berater zusammen mit den Angehörigen klagen. Und dass man Gott auch Vorwürfe machen darf,
weiß hoffentlich jeder, der die Psalmen und Hiob gelesen hat.
Ein schlechtes Gewissen braucht man deshalb nicht haben.
Schmerz und Wut müssen irgendwo laut werden – und es
hilft den Angehörigen, wenn der Berater ihnen Mut zu dieser
Klage macht.

Angehörige konfrontieren den Berater mit folgenden Fragen:
– Hat Beten überhaupt einen Sinn?
– Warum soll ich an einen Gott glauben, der offenbar nicht
  helfen kann – oder noch schlimmer, warum soll ich an einen Gott glauben, der offenbar nicht helfen will?
– Ist es überhaupt sinnvoll von einem Gott zu reden, oder ist
  alles Zufall oder ein blindes Walten der Natur?

Zuerst geht es immer um das Aushalten des Leides, das
Standhalten in einer unveränderbaren Situation. Darum hilft
es auch nicht, wenn der Berater vorschnelle Antworten sucht,
die in eine Zukunft weisen. Er muss sich klarmachen, dass die
Zukunft – und Kinder werden von ihren Eltern und Angehörigen als Zukunft gesehen – dass diese Zukunft gerade stirbt.

Wenn sich der Berater dies in aller Deutlichkeit vor Augen
führt, wird er das Leid der Eltern fast am eigenen Leib spüren. Dann gilt es, auf die eigene Gefühle zu achten und sich
eventuell zurück zu nehmen. Hat der Berater dieser Situation
stand gehalten, kann er vielleicht versuchen, die Gedanken
der Angehörigen in eine andere Richtung zu lenken.

Eine Mutter, die sehr viel am Bett ihres sterbenden Kindes weinte, träumte eines Nachts, dass ihr gestorbenes Kind
ihr sagte, sie solle jetzt nicht mehr weinen, es gehe ihm sehr
gut. Daraufhin fuhr die Mutter zum Kind ins Klinikum auf
die Kinderstation – das Kind war tot. Dieser Traum kann auf

zwei Ebenen verstanden werden: entweder als Botschaft, wie es dem Kind nach dem Tod in einer anderen Welt tatsächlich geht oder als inneres Bild der Mutter, sich vom Kind zu lösen. Beide Botschaften wollen die Mutter zu einer Veränderung ihres Verhaltens auffordern.

Der Berater kann nun mit der Mutter gemeinsam die Botschaft des Traumes deuten. Auch wenn vielleicht die zweite Deutung in der Beratung vorzuziehen ist, wird man doch den tröstlichen Charakter dieses Traums wahrnehmen. Unsere Seele gibt uns hilfreiche Bilder vom Tod und dem, was danach kommt. Wollte man aus diesen und ähnlichen Träumen aber eine Landkarte des Jenseits konstruieren, würde man den Sinn der Träume verfehlen. Damit würden die Angehörigen ihren Sterbenden nur wieder festhalten, statt ihn loszulassen.

Hier gilt erst recht, dass inneres Wissen und religiöse Erfahrung nur schwer zu unterscheiden sind von Spekulationen, die aus unbewussten Wünschen und Ängsten geboren sind. Aber diese Unterscheidung wäre wichtig. Darum sollte der Berater vorsichtig sein bei der Deutung von Träumen. Stattdessen wäre es für ihn selber hilfreich, wenn er sich die Fragen beantwortet:

»Glaube ich einem tröstenden Gottesbild nur, weil es meine Ängste beruhigt? Spüre ich bei ehrlichem Nachdenken, dass ich mich selbst ein wenig betrüge und mich womöglich um die mitempfundene Trauer drücke?«

Es kann hilfreich sein, wenn der Berater das Gottesbild vom als allmächtig gedachten Gott freimacht, zu einem Gott, der eben nicht über alles regiert, sondern vor allem in einem wächst. Dabei kann das Gebet eine Hilfe sein. Beten kann sich und damit die Angehörigen verändern und dass heißt dann, dass sie nicht mehr nur um Hilfe schreien, sondern auch, dass sie zu sich selber kommen und nach den tragenden Gründen fragen, lernen mit den Bildern umzugehen, die in ihrer Seele aufsteigen, hören, sich einlassen auf den Weg Gottes mit ihnen. Der Glaube kann zerbrechen, aber auch ganz wieder neu werden.

Das kostet Kraft und braucht Zeit. Solange die Fragen Ruhe

geben, darf man sie auch in Ruhe lassen. Sie melden sich dann wieder, und irgendwann spüren die Angehörigen, dass es zuviel Energie kosten würde, sie drunten zu halten. Dann ist es Zeit, sich damit auseinander zu setzen. Der Berater sollte bedenken, dass zur Trauer um das sterbende Kind und zu den manchmal plötzlich auftretenden Verständigungsschwierigkeiten innerhalb der Partnerschaft der Eltern auch noch die Trauer um den verlorenen Glauben kommt.

3. Probleme der spezifischen Thematik

3.1 Die Kontaktaufnahme

Nicht immer kann davon ausgegangen werden, dass Angehörige von sich aus einen Berater zu ihrer Situation hinzuziehen. Manchmal sind es Ärzte, Pflegedienste oder auch die Nachbarschaft, die Angehörige von Sterbenden darauf aufmerksam machen, dass ihnen ein Berater zur Seite stehen könnte.

In Krankenhäusern und Pflegeheimen sind es die speziellen Dienste, wie z.b. die Klinik- und Altenheimseelsorge, die sich um die Angehörigen und ihre Patienten kümmern. In den Gemeinden können dies die Seelsorgerinnen und Seelsorger sein oder Besuchsdienste aus der Gemeinde.

Je nachdem, von wem der Berater hinzugezogen wurde, gestaltet sich die Kontaktaufnahme mit den Angehörigen und dem Sterbenden. Wird der Kontakt in einem Krankenhaus oder Pflegeheim hergestellt, ist es in der Regel das Pflegepersonal, das die Angehörigen auf die Möglichkeit aufmerksam macht. Im ambulanten Bereich geschieht die Kontaktaufnahme entweder durch Hausärzte, Pflegedienste oder Nachbarn, die die Situation erkennen.

Vermittelte Kontakte machen es dem Berater leichter, mit den Angehörigen ins Gespräch zu kommen. Trotzdem ist die Kontaktaufnahme nicht immer erfolgreich, weil viele Angehörige erst einmal versuchen, die Situation am Sterbebett allein zu meistern. Darum sollte der Berater zuerst immer versuchen, das Vertrauen der Angehörigen, aber auch des Sterbenden, zu erlangen.

Nur durch die Bereitschaft und Fähigkeit, sich in die Einstellungen anderer Menschen einzufühlen, können Berater ihnen in ihrer schwersten Zeit beistehen. Dabei ist auf unterschiedliche Kommunikationsstrukturen in der Familie zu achten.

3.2 Die Kommunikation innerhalb der Familie

Die Kommunikation innerhalb der Familie kann erleichtert werden, wenn der Berater mit der gesamten Familie spricht und jeden einzelnen dazu bringt, Gefühle zu äußern. Aber je nachdem, wie sich eine Familienstruktur darstellt, lösen Familien ihre Probleme auf unterschiedliche Weise. Manchmal werden Probleme offen angegangen, manchmal werden sie aber nur teilweise gelöst und lassen unausgesprochene Gefühle zurück.

Wenn in den Beziehungen der Familienmitglieder zueinander Probleme bestehen, liegt dies eventuell an seelischen Verletzungen, die offen besprochen werden sollten. In manchen Fällen lassen sich die Probleme nicht unmittelbar lösen, die Patienten und Angehörigen benötigen daher weitergehende Unterstützung, z.B. durch den Klinikpsychologen oder ambulante Psychotherapie.

Eine gelungene Beratung wird nicht versuchen, auf Veränderungen zu drängen, sondern im Verständnis für alle Beteiligten eine tragfähige Lösung zu finden, da in jeder Familie die Rollen in bestimmter Weise verteilt sind. Daher ist das direkte Gespräch mit jenen Angehörigen sehr wichtig, denen der Sterbende am meisten vertraut. Dieses Gespräch kann entweder mit jedem einzelnen oder, wenn die Situation es zulässt, auch gemeinsam geführt werden.

Auch ist es hilfreich, wenn der Berater mit dem Pflegepersonal über die Angehörigen und ihren Patienten sprechen kann. Dadurch kann vermieden werden, dass bestimmte Patienten und ihre Angehörigen als »schwierig« abgestempelt werden, oder dass unglückliche Gesprächsflüsse weiter bestärkt werden. Bei der Unterstützung der Angehörigen muss sich der Berater auf den Rhythmus der Betroffenen bei der Bewältigung ihrer Situation einstellen. Dazu gehört auch, dass sich möglicherweise die Angehörigen in einem anderen Trauerstadium befinden als der Patient. Zu Recht erwarten sie dann, dass der Berater dies erkennt und eine offene und ehrliche Kommunikation in einfühlsamer Weise anstrebt.

Hier kann es helfen, die Angehörigen in vertrauter Umgebung zu fragen: »Sprechen Sie eigentlich mit Ihrem Mann über diese Dinge?« Und falls die Angehörige sagt: »Ja, manchmal.« Kann der Berater das Gespräch so fortführen: »Versuchen Sie, Ihrem Mann alles zu sagen. Sie teilen ihr Leben miteinander, sind miteinander verheiratet. Sie wissen fast alles voneinander. Sie machen sich Sorgen um ihn. Er macht sich Sorgen um Sie. Wenn Sie irgendwie ein Gefühl haben, dass sich etwas verändert, dann sprechen Sie mit Ihrem Mann darüber, und Ihr Mann wird mit Ihnen sprechen. Sie werden erleichtert sein, darüber zu reden. Es hilft, denn jeder hat Angst, als erster davon anzufangen.«

Wenn aber die Kommunikation zwischen Patient und Angehörigen blockiert ist, und der Sterbende möglicherweise gleichzeitig unter schwerer Depression oder Angst leidet, können diese Symptome oft gelindert werden, wenn der Berater dem Paar hilft, offener miteinander umzugehen. Er übernimmt dann die Rolle eines »Dolmetschers«, der die Gefühle des jeweiligen Partners spiegelt. Allerdings bereitet es manchen Menschen mehr Schwierigkeiten als anderen, der harten Realität des Todes ins Auge zu sehen.

Berater zum Patienten: »Ich habe das Gefühl, dass es Ihnen heute nicht gut geht!

Patient: »Ja, es stimmt!«

Angehörige zum Patienten: »Ich habe heut Nacht auch ganz schlecht geschlafen, ich habe die ganze Zeit an dich gedacht!«

Berater zum Patienten: »Sehen Sie, Ihre Frau denkt sogar nachts an Sie!«

Patient zur Angehörigen: »Ja, ich weiß, sie macht sich immer Gedanken darüber, wie es mir geht!«

*Angehörige zum Patienten: »Und warum sagst du mir das
erst jetzt, dass du das weißt?« Der Patient schweigt. Nach einer
kurzen Stille sagt stellvertretend der Berater: »Vielleicht weil er
sich Sorgen macht – um Sie, um sich selber und wie alles wei-
tergeht!«*

Die Kommunikation zwischen Angehörigen und ihren sterbenden Patienten kann sämtliche Spektren von völlig offen
bis total geschlossen enthalten.

Da jede Familie ein eigenes offenes oder tabuisiertes Be-
ziehungsmuster, eine intensivere oder verdeckter gelebte Gefühlswelt hat, hat sie auch ihre eigene Art von Konfliktbewäl-
tigung. Deshalb fühlen sich manche Angehörige besonders
angenommen, wenn sie auch über die negativen Elemente
in ihrer Beziehung zum Sterbenden sprechen können. Dies
erhöht das Gefühl, in ihrer unverwechselbaren Situation verstanden zu werden. All dies führt, neben dem individuellen
Wesen und den je persönlichen körperlichen Vorgaben des
Sterbenden, zu einem individuellen Sterben und Abschiednehmen.

Auch wenn die meisten Angehörigen sich des tödlichen
Ausgangs der Krankheit bewusst sind, wird dies innerhalb
der Familie in unterschiedlicher Ausführlichkeit besprochen.

Dennoch sollte kein Berater oder Pflegender davon aus-
gehen, dass die Familie, auch bei Kenntnis der Diagnose,
miteinander über die Konsequenzen dieser Tatsache gesprochen hat oder dass es den Familienangehörigen gelungen ist,
einander ihre Gefühle mitzuteilen. Manchmal möchten sich
der Sterbende und seine Angehörigen nicht die schmerzvolle
Tatsache eingestehen, dass ihnen nur noch eine kurze gemeinsame Zeit bleibt. Andere Angehörige sagen offen, dass
sie nicht über die Prognose des Patienten informiert werden
möchten und lieber alles so hinnehmen wollen, wie es eben
kommt.

Darum sollte festgehalten werden, ob der Patient und die
Angehörigen die Diagnose kennen und darüber sprechen,
z.B. durch einen Eintrag im Angehörigendiagramm. Es kann

für den Verlauf der Beratung hilfreich sein, wenn jede Unterhaltung zwischen Patient, Angehörigen und dem Berater oder dem Pflegepersonal über die Diagnose und die Prognose festgehalten wird, so dass die Kontinuität der emotionalen Unterstützung von allen Seiten der an der Pflege Beteiligten gewährleistet ist. Auch hier ist es die Aufgabe des Beraters, einfühlsam vorzugehen, um die Kommunikationsstrukturen in der Familie zu erkennen.

Exkurs: Auswirkung von Verlust auf das Familiensystem

Welche Auswirkungen eine plötzlich auftretende tödliche Krankheit auf das Familiensystem hat, wird in folgendem Beispiel deutlich:

Barbara, 40 Jahre alt, hat ihren Mann nach einer plötzlichen Lungenerkrankung verloren. Sie kritisiert die ärztliche Hilfe, meint, er hätte noch gerettet werden können, wenn man ihn schneller in die Spezialklinik gebracht hätte. Sie hat das schreckliche und unabänderbare Leiden zum Tod ihres Mannes aus nächster Nähe miterlebt. Die Bilder, die sie an seinem Bett gespeichert hat, sind ihr quälend plastisch vor Augen. Sie erlebt es immer wieder – nach inzwischen drei Monaten – dass ihr Mann neben ihr steht und sie sich erschrocken umdreht, um dann festzustellen, dass da tatsächlich niemand steht. Ihre Kinder wachen nachts auf und fragen danach, wo der Papa jetzt ist. Sie hat kaum die Kraft, dann etwas Tröstendes zu sagen, weil sie die Frage hilflos macht. Sie weiß selbst ja nicht einmal, woran sie jetzt noch glauben kann. Sie versucht den Kindern Mut zu machen, treibt sich selbst dazu, mit ihnen etwas zu unternehmen. Wenn es nach ihr ginge, würde sie still in einer Ecke sitzen und sich die Augen ausweinen. Das verbietet sie sich, weil sie die Familie erhalten möchte und nicht nur an sich denken will. Das gelingt ihr auch ganz gut, aber es geht zeitweise über ihre Kräfte, auch weil die beruhigende Festigkeit des Vaters fehlt, wenn die Tochter in der Grundschule vor brennendem Ehrgeiz bei den Schularbeiten verrückt spielt und der Sohn sich mit seiner Unbedachtheit in Unfallgefahren begibt. Dann denkt sie, dass sie das allein nicht schafft, weil das stützende Element – ihr Ehemann – ausgefallen ist. Die Verwandten sind aufmerksam und versuchen die Lücke zu schließen. Die Schwester Barbaras, Patentante der Tochter, macht dieser Geldgeschenke und möchte ihr eine Ausbildungsversicherung schenken. Barbara weiß selbst nicht, was mit ihr los ist. Sie empfindet diese Vorschläge ihrer älteren Schwester wie einen Übergriff, ja wie einen Versuch, ihr die Tochter wegzunehmen. Sie möchte sich am liebsten von der Schwester distanzieren und den Kontakt zu ihr abbrechen, weil sie deren Ideen und Aktionen als Angriff erlebt. Barbara hat durch den Verlust ihres Mannes auch alltäglichen Beistand und Hilfe verloren. Das wird ihr immer wieder schmerzlich klar. Sie hat selbst abends, wenn die Kinder ins Bett gehen, keine Zeit. Sie hat keinen Raum, ihrer Trauer nachzuhängen. Deshalb erwischt diese sie häufig unversehens und wie ein Überfall. Jetzt wird auch klar, wie weit die Familie auseinander wohnt, die Großeltern leben in anderen Städten und können nur auf Einladung einmal herkommen, aber nicht alltäglich aushelfen. Dieses Netz könnte Barbara jetzt gut gebrauchen. Außerdem wächst mit dem Schmerz über den Verlust auch die Neigung, wieder in den Schoß der Herkunftsfamilie zurückzuschlüpfen. Es ist alles so viel, zumal die Kinder für ihr Gefühl auch mehr als vorher jammern, wenn etwas nicht so gut klappt und sie dann manchmal gar keine Geduld hat und herrisch und missgelaunt reagiert. Sie mag das überhaupt nicht an sich und das drückt wieder auf ihr Selbstwertgefühl. Manchmal möchte sie ihrem toten Mann hinterher gehen und nur die Verantwortung für die Kinder hält sie von suizidalen Erlösungsideen ab. Von diesen Gedanken und von ihrem Entschluss, allein für die Kinder weiterzuleben wissen diese nichts. Eine andere Partnerschaft kann sie sich jetzt noch gar nicht vorstellen. Man kann die Lücke nicht so einfach schließen. Da würde für ihr Gefühl immer der Verstorbene dazwischenkommen. Sie wird allein bleiben, da ist sie gewiss. Die Kinder treiben sie immer wieder

*vorwärts mit dem, was sie brauchen, aber auch mit dem Mut,
schwierige Fragen zu stellen. Sie sind auch manchmal kritisch,
wenn sich die Mutter hängen lässt und trösten sie oder fordern
sie heraus. Sie wollen vorwärts streben und mit hohen Idealen
Sicherheit und Zukunft bewirken – gegen Kleinmut und Angst
vor dem Tod.*

Das Beispiel schildert sehr eindrücklich, dass Beratung von
Angehörigen auch über den Zeitpunkt des Todes ihres Patienten hinaus wichtig ist, weil der Prozess der Auswirkungen
auf das Familiensystem weiter geht. Familien, die von einem
plötzlich tödlich verlaufenden Krankheitsbild erwischt werden, haben kaum Zeit, sich Gedanken über dessen Auswirkungen zu machen. Sie erstarren in den vor ihnen liegenden
Aufgaben. In der Beratung kann man dies häufig in den ersten
Begegnungen erkennen, wenn der Berater sein Augenmerk
auf die ganze Familie und ihre Kommunikationsstrukturen
lenkt.

Gleichzeitig ist es wichtig, in der Beratung den Zeitablauf
von der Erkrankung des Patienten bis zu seinem Tod im Auge
zu behalten, um dann weitergehende unterstützende Bera-
tungsangebote zu machen.

In diesem Beispiel sind verschiedene Hinweise auf die Auswirkungen der plötzlichen Erkrankung und dem folgendem
Sterben in einem Familiensystem enthalten, die der Berater
im Hinterkopf haben sollte, wenn er zu einer plötzlichen Beratung gerufen wird.

– Der Verlust benötigt Raum zum Trauern, aber das System
  muss weiter funktionieren.
– Die Aufgabe für die Zurückgebliebenen verändert sich. Sie
  müssen Funktionen des verstorbenen Familienmitglieds
  ersetzen.
– Die Bewältigung des Alltags wird schwieriger. Es gibt einfach mehr Arbeit.
– Das Netz der Familie wird wichtiger und die Sehnsucht
  danach, dort aufgehoben zu sein, ist groß.
– Die Lücke ruft nach aktiven Hilfsaktionen, aber nicht im-

mer sind die Angebote so, dass die Betroffenen sie annehmen können.

- Die Sehnsucht nach Bindungen an die Herkunftsfamilie ist stärker als andere Bindungen.
- Die Familie steht bewusst zusammen, aber die Fähigkeit der Erwachsenen, die Kinder zu halten und zu stützen, wird mit regressiven Tendenzen (Jammern) erprobt.
- Der Verlust wird auch als Kränkung des Selbstwertes erlebt (Warum geschieht mir/uns das?). Das erzeugt Wut und Ohnmachtgefühle.
- Depressive Reaktion führt zur Stagnation der Entwicklung in der Familie und hält eine Hinwendung zum Leben auf.
- Die Weiterentwicklung der Erwachsenen wird für Kinder nicht immer erlebbar.
- Kinder und Jugendliche können einen ermutigenden Entwurf des Lebens darstellen, wenn dieser wahrgenommen wird.
- Durch das Fehlen eines erwachsenen Familienmitglieds kann sich die Machtverteilung in der Familie verschieben und die Verantwortung für das System kann zwischen Kindern und Erwachsenen hin und her geschoben werden.
- In Abhängigkeit verstrickte Kinder können bei Verlust eines Elternteils gezwungen sein, unbewusste Wünsche der Eltern (des verstorbenen wie des lebenden) auszuagieren.

3.3 Verwirrter Patient – verwirrte Angehörige

Oft haben die Angehörigen Schwierigkeiten, mit verwirrten Sterbenden zu kommunizieren. Macht ihnen schon die allgemeine Pflegesituation Angst, so fällt es besonders schwer, mit dem Verwirrtheitszustand umzugehen. Sie sind erschrocken und hilflos, die Kommunikation mit verwirrten Patienten scheint peinlich, oder sie finden es schwierig, eine Beziehung zu jemandem aufrechtzuerhalten, der nicht mehr durch klare Worte mit ihnen kommunizieren kann.

Der Berater kann in solchen Situationen helfen, indem er deutlich macht, dass gerade die Verwirrtheit eines Patienten auch viel über seine Vergangenheit aussagt. Angehörige, die sich mit der Vergangenheit des Sterbenden auskennen, können ihn dann darauf ansprechen. Sie erinnern an gemeinsam Erlebtes und Erfahrenes und stützen mit positiven Schilderungen den Zustand des Patienten. Verwirrte Sterbende leben in einer Welt des Übergangs. Sie erinnern sich an die Vergangenheit und gleichzeitig sehen sie in eine Zukunft.

Der Berater kann die Angehörigen ermutigen, sich auf den Sterbenden »einzuschwingen«, indem sie aus dem Verwirrtheitszustand heraushören, was der Sterbende sagt und dessen Wortfetzen im Gespräch »weiterspinnen«. Der Sterbende mag vielleicht den Sinn der an ihn gerichteten Worte nicht verstehen, aber er wird den vertrauten Klang der Stimme erkennen, wenn er bei der Ansprache berührt wird:

Ein unruhiger verwirrter Patient, der immer wieder versuchte aus seinem Bett auszusteigen, sagte: »Den Berg hinaufsteigen. Lasst mich endlich hinauf gehen. Der See ist so schön, ich will ihn sehen!«

Der Berater ermutigte den Angehörigen, den Patienten körperlich zu stützen, indem er die Hand reichte und mit ihm eine Phantasiereise machte:

»Ja, jetzt gehen wir auf den Berg. Komm, lass mich dich anfassen. Das ist hier ganz schön steil, wie damals in der Steiermark.«

Der Patient antwortet: »Wir sind doch in der Steiermark. Sieh doch den schönen See!« Der Angehörige: »Aber ja, der Bergsee ist wirklich schön. Weißt du noch als wir das erste Mal hier waren? Wollen wir hier rasten?« Der Patient: »Eine gute Idee, ich kann sowieso nicht mehr. Hast du etwas zu trinken dabei?« Der Angehörige reicht ein Glas Wasser, der Patient fällt erschöpft ins Bett zurück: »Ach war das eine schöne Wanderung!«

Wenn es gelingt, sich auf die Verwirrtheit einzulassen und

mitzuschwingen, kann es zwischen dem Sterbenden und seinen Angehörigen zu einer Kommunikation kommen.

Exkurs: Angehörige beraten, die einen altersverwirrten Menschen in den Tod begleiten.

Neben der Verwirrtheit eines Kranken, die die finale Phase
eines Menschenlebens ankündigt, gibt es immer mehr altersverwirrte Menschen, die entweder in Altenheimen oder in
der heimischen Pflege leben. Sie erleben Sterben oft anders
als nicht-verwirrte Menschen:

Ihr Denken befindet sich schon in einem jahrelangen Sterbeprozess, und auch die Angehörigen machen einen ebenso
langen Abschiedsprozess durch. Zum seelischen Sterbeprozess gesellt sich dann oft ein langes Siechtum mit Inkontinenz,
Dekubitus oder Schluckstörung mit Hustenreiz. Schmerzen
und Atemnot erleben demente Personen dramatischer als
nicht-demente, weil diese Symptome unerklärlich und un-
fassbarer bleiben und die Angst verstärken.

Altersverwirrte Personen sind immer wieder Stunden
oder Tage vor dem Sterben auffallend klar, so dass sie z.B.
verständlicher sprechen oder auf Situationen zu sprechen
kommen, die sich in der Gegenwart ereignen. Ihr Gehör ist
in der Endphase besonders geschärft, so dass sie betroffen
sind von Äußerungen über ihr Sterben oder das Leben der
Angehörigen danach, weil sie, für Beziehungen sensibili-
siert, mehr verstehen als wir ahnen. Sterbende demente Personen erleben Verluste als Chaos, ohne es zu begreifen und
reden verschlüsselt in der Symbolsprache. Sie werden von
Gefühlen wie Scham, Angst, Trauer oder Wut überflutet,
sind bedürftig nach Liebe, wollen lebensrund und versöhnt
sterben. Dies sollten ihnen Angehörige und Pflegende deutlich zugestehen.

In der Beratung der Angehörigen ist deshalb darauf zu
achten, dass sie die Gefühle der sterbenden dementen Pati-

enten genauso ernst nehmen, wie die eines nicht verwirrten Patienten.

Verwirrte alte Patienten protestieren gegen das Sterben im Heim oder in einer Klinik ebenso wie nicht verwirrte Personen, und sie haben das gleiche Bedürfnis nach Hause zu wollen. Sie spüren sehr genau die Hilflosigkeit und manche Überforderung der Angehörigen oder Pflegenden, so dass für sie alles noch aussichtsloser erscheint, denn sie können ja nicht adäquat reagieren. Stattdessen werden sie unvermittelt und unvorhersehbar aggressiv. Das löst bei den Angehörigen und Pflegenden häufig den Wunsch aus, dass der Patient bald erlöst werde. Diese Todeswünsche führen bei den Angehörigen aber nicht selten zu Schuldgefühlen, die die Beziehung belasten und manchmal noch ein zusätzliches Betreuungsverhalten auslösen.

Es kann den Angehörigen eine große Hilfe sein, wenn der Berater sie auf folgende Überlegungen aufmerksam macht:
Eine sterbende verwirrte Person braucht
- vertraute Angehörige für mehr Zuwendung und Liebe,
- die vertraute Stimme einer konstanten Bezugs- oder Lieblingsperson, die Blicke, Gesten, Mimik, versteckte Bedürfnisse, Veränderungen und Reaktionen anderer beachtet, versteht, ernst nimmt und verlässlichen Halt gibt,
- eine vertraute Tagesstruktur, um jeden Augenblick ohne Hektik erleben zu können,
- eine vertraute und erfreuliche Umgebung, denn jede Verlegung verwirrt noch mehr,
- vertraute, erfahrene Begleiter, die sich Zeit nehmen und sich helfen lassen.

Auch altersverwirrte Sterbende haben ein Recht auf Hoffnung und Wahrhaftigkeit, die Liebe ausdrückt und befreiend wirkt, auf individuell einmaliges Leben bis zuletzt und auf Selbstbestimmung, wie oder wo sie sterben möchten.

Darüber hinaus kann der Berater die Gefühle der Angehörigen spiegeln, indem er darauf aufmerksam macht, welche Gefühle der Sterbende bei ihnen auslöst:

- Angst vor Versagen, vor eigener Demenz und vor dem eigenen Sterben
- Ärger oder Wut gegen aufdringliches oder unvorhersehbares Verhalten
- Schuldgefühle, weil man wütend wurde oder Vorwürfe machte
- Kränkung, wenn die demente Person die eigenen Scham- und Ekelgrenzen verletzt
- Enttäuschung über die eigenen Grenzen und Hilflosigkeit
- Resignation, nicht helfen zu können und ausgebrannt zu sein
- Überforderung, weil man im Spannungsfeld zwischen mütterlicher Zuwendung und notwendiger Distanz arbeitet und mit der zugedachten Rolle nicht zu recht kommt.

Angehörige sterbender altersverwirrter Menschen kennen in der Regel die Lebensgeschichte des Patienten. Deshalb sollte sie der Berater immer wieder an diese Geschichte erinnern, weil aus der Lebensgeschichte des Patienten ganz viel von seinem Verhalten deutlich wird. Je mehr Angehörige über das Leben des verwirrt Sterbenden wissen, umso mehr können sie ihm helfen, sich mit sich und seiner Vergangenheit zu versöhnen. Die einfachste Grundhaltung, die verwirrte Person einfühlend zu verstehen, ist, sie wertzuschätzen (Validation) und selbst echt zu bleiben.

Der Berater wird zu einer altersverwirrten Patientin gerufen, die im Sterben liegt. Sie kann sich nur noch mit den Augen verständigen. Bevor der Berater die Patientin aufsucht, holt er sich Informationen über das Leben der Sterbenden bei deren Tochter. Diese erzählt, dass ihre Mutter ein Leben lang als Schaustellerin in der Gegend um Kassel unterwegs war. Der Berater fragt, ob es noch weitere Kinder gibt und wie sonst das Familienleben der Sterbenden verlief. Dabei erfährt er, dass die Sterbende schon in jungen Jahren ihren Mann verloren hatte und nur mit der Tochter zusammen das Schaustellergeschäft geführt hat. Sie war eine sehr dominante Person, die es verstand, sich in der Männerwelt der Schausteller durchzusetzen. Seit zwei Jahren litt sie an Demenz, erkannte ihre Tochter und die erwachsenen Enkelkinder nicht mehr, war bettlägerig und manchmal dem Pflegepersonal gegenüber sehr aggressiv.

Mit diesen Informationen ausgestattet, geht der Berater zur Patientin. Vorher verständigt er sich mit der Tochter darüber, dass er sie nach seinem Besuch informieren würde, welchen Eindruck er von der verwirrten Person hätte. Der erste Eindruck bestätigt die Informationen der Tochter – eine im verwirrten Zustand Dominanz ausstrahlende Persönlichkeit, die mit den Augen signalisierte: »Mann, dich kenne ich nicht! Was willst du hier?«

Dann erzählte der Berater aus dem Leben der Sterbenden und gibt die Informationen weiter, die er von der Tochter erhalten hat. Dabei versucht er, sich in das Leben der Sterbenden hinein zu versetzen. Am Ende des Gespräches verändern sich die Augen der Sterbenden, aus dem dominanten versteinerten Blick wird ein weicher Blick. Aus den Augen fließen Tränen, als der Berater die Reiseroute um Kassel nennt. Der Berater informiert noch am Abend die Tochter über diesen Besuch. Als diese am nächsten Tag zu ihrer Mutter will, ist diese verstorben.

Das Kennen der Persönlichkeit des verwirrten Menschen ist eine wichtige Voraussetzung dafür, diesem Sterbenden von Mensch zu Mensch begegnen zu können, um ihn individuell zu pflegen und zu betreuen, so wie jeder andere Sterbende es auch erfährt.

Die Begegnung mit der verwirrten Person sollte so normal wie möglich verlaufen, damit die Konstanz der personalen Zuwendung auch in der Tagesstruktur erhalten bleibt.

Pflegende können die Persönlichkeit der verwirrten Person aus der Begegnung von Person zu Person kennen lernen, wenn sie sich genügend Zeit nehmen und die Reaktionen des verwirrten Menschen beobachten. In der verbalen Kommunikation sollten Angehörige und Pflegende langsam, beruhigend, deutlich, in kurzen Sätzen sprechen, jede Pflege erklären, mit Gesten oder Gebärden vormachen und nie auf die demente Person einreden, ihr nie widersprechen, ihr nie befehlen, sie nie kritisieren, ihr keine W-Fragen stellen (z.B. warum?), ein »Nein« vermeiden.

Die nonverbale Kommunikation wirkt als Heilmittel nachhaltiger als Worte. Sie verrät ob Worte echt sind. Deshalb sind konstante Bezugspersonen für die Begleitung sterbender altersverwirrter Menschen so wichtig. Denn nur eine konstante Bezugsperson bleibt sensibel für die Körpersprache des sterbenden Dementen. Sie sollten sich klar machen, dass verwirrte Sterbende und Komatöse dialogfähig bleiben: sie reagieren z.B. mit Beschleunigung von Atmung und Puls, mit Blutdruckanstieg, Muskelverspannungen oder Abwehrbewegungen und Schweißausbruch auf Begleiter, deren Ablehnung sie spüren.

Angehörige und Sterbebegleiter sollten jede Begegnung und Pflege mit Berühren beginnen und beenden; denn für verwirrte Sterbende, aber auch für komatöse Patienten, ist Berührung der letzte und einzige Kommunikationskanal, weil Tastempfindungen bis zu 10 Minuten über den klinischen Tod hinaus unbewusst wahrgenommen werden und Rückenmarksreflexe auslösen können. Berührung bestätigt Akzeptanz und vermittelt Geborgenheit, wenn Angehörige oder Sterbebegleiter den verwirrten Menschen am Arm streicheln, umarmen, die Hand stützend unter die Hand des Sterbenden legen oder mit ihm in seinem Rhythmus atmen. Berührung darf aber nicht zur Routine-Zärtlichkeit entarten und muss Angst und Abwehr ernst nehmen. Die Beziehung entscheidet, wer wen wie und wo berührt. Wer nicht berührt wird, fühlt sich nicht liebenswert. Der Berater kann daher die Angehörigen ermutigen, den Sterbenden mit wohlriechenden Ölen oder Salben einzureiben, denn »Einreiben oder Massieren erhöhen das Wohlfühl-oder Beziehungshormon Oxytocin, das heilend wirkt, beruhigen Angst und Aggression, heben die Stimmung, regen die Endorphine gegen Schmerz und Muskelverspannung an, stimulieren das Wachstumshormon zur Wundheilung und verbessern die Durchblutung und die Widerstandsfähigkeit. Einreiben oder Massieren senken die

Stresshormone, Blutdruck und Puls.« (Auszug aus einem Vortrag von Prof. Dr. Erich Grond, Hagen, zur Begleitung verwirrter Sterbender)

Neben der altersbedingten Verwirrtheit leiten Unruhe und Verwirrtheit eines Patienten oft den finalen Sterbeprozess ein. Hier gilt es, die Angehörigen darin zu unterstützen, dass sie sich auf die Situation »einschwingen«, um damit den Dialog fort zu setzen. Dazu kann gehören, dass sich die Angehörigen auf den Atemrhythmus des Sterbenden einlassen und durch eigenes entspanntes Atmen unterstützen. Der Berater ermutigt sie, dies auch dann fortzusetzen, wenn der Sterbende Atempausen macht. Das gemeinsame Atmen ist manchmal die letzte tragende Verbindung zwischen Angehörigen und Patienten. Den Angehörigen, denen diese Methode zu anstrengend ist, kann der Berater auch empfehlen, Lieder zu summen, die der Sterbende früher gern gehört hat oder, wenn eine gemeinsame religiöse Basis vorhanden ist, Gebete zu sprechen oder eine biblische Geschichte vorzulesen, die der Sterbende gut kennt.

Für Angehörige ist der Eintritt des Todes durch den letzten Atemzug gekennzeichnet. Aber da man erst im Nachhinein weiß, welches der letzte Atemzug war, wird die Atmung des Sterbenden oft sehr angespannt beobachtet. Ist die Atmung endgültig erloschen, wenden sich manche Angehörigen vom Atemlosen ab, besprechen womöglich bereits mit anderen Anwesenden Beerdigungsmodalitäten.

Was sie nicht wissen, ist, dass der Eintritt des Todes kein Filmschnitt ist, sondern eher ein Übergang, wie bei einer Doppelbelichtung. Nach Atem- und Herzstillstand arbeitet der Stoffwechsel des Gehirns noch eine unbestimmte Zeit weiter, der unbewegt Atemlose kann Wahrnehmungen verarbeiten, er kann uns noch hören und fühlen!

Der Tod gibt uns durchaus Zeit genug, Abschied zu nehmen. Wenn ich als begleitende Pflegekraft (Berater) diese Überzeugung äußere und vorlebe, trauen sich Angehörige eher, ihrem Abschied eine eigene Gestalt zu geben.

Meist berühre ich den Verstorbenen an der Hand oder der Schulter und verabschiede mich von ihm.

Das ermöglicht manchen Angehörigen, den Verstorbenen zu berühren. Der sinnliche Kontakt zum Leichnam hilft, die Realität des Todes zu begreifen. (Christoph Student, 35)

Nach dem Eintritt des Todes und dem ersten Abschiednehmen vom Verstorbenen fragen Angehörige nach, was jetzt zu tun ist, was von ihnen erwartet wird. Sie wissen, dass vieles organisiert werden muss, kennen oft aber die Abläufe nicht. Hier kann der Berater helfen, indem er die Angehörigen über die weiteren Abläufe informiert, wie lange der Verstorbene auf der Station oder zu Hause bleiben kann, was mit dem leblosen Körper geschieht, ob es Rituale in der Institution (Altenheim oder Krankenhaus) gibt, den Abschied zu gestalten, z.B. durch Aussegnungsfeiern, und wenn es gewünscht wird, kann der Berater auch den Kontakt zum Bestatter herstellen.

Besonders für Angehörige, die vom plötzlichen Tod ihres Patienten überrascht werden, ist es hilfreich, einen Berater zur Seite zu haben, der mit ihnen noch einmal alle Phasen des Sterbeprozesses durchgeht, um dann die nächsten Schritte bis zur Bestattung und ihren Formen zu besprechen.

4. Seelsorgerliche Situation und theologische Reflexion

4.1 Seelsorgerliche Situation

Krankheit und Krankenhausaufenthalt bedeuten für viele Menschen eine Krise. Diese verschärft sich, wenn eine Diagnose mit tödlichem Ausgang gestellt wurde. Durch die persönliche Krise ist einerseits immer auch die unmittelbare Umgebung des Kranken, seine Familie, die Angehörigen und das Pflegepersonal betroffen:

> Andererseits hängen das Erleben und die Bewältigungsversuche der Krise weitgehend von dem familiären Vorverständnis und von der familiären Vorerfahrung des einzelnen und der Angehörigen ab.
>
> Auch wenn die Familie nicht (mehr) sichtbar oder leibhaftig anwesend ist, z.B. bei alten, allein gebliebenen Patienten, ist oft gerade dieses biographisch entstandene Bewusstsein der Schlüssel zur gelungenen Verständigung.
>
> Dies gilt für alle Helferbeziehungen, von der Medizin bis zur Sozialarbeit, und so auch für die Seelsorge. (Hézser, Handbuch der Krankenhausseelsorge, 160)

Gerade im beratenden und seelsorgerlichen Umgang mit Angehörigen und ihren Patienten sollte das Augenmerk sowohl auf die persönlichkeitsspezifischen Wesensmerkmale des Kranken, als auch auf die in der Familie gelebten oder nicht gelebten Glaubens- und Frömmigkeitsformen eingegangen werden.

Auch hier hat der Berater die Aufgabe, konstruktive Komponenten, die dem Betroffenen und den Mitbetroffenen bei der Bewältigung der Krise hilfreich sein können, aus den Res-

sourcen des familienspezifischen Glaubens wirksam werden
zu lassen.

> Da Krankheitserleben und Bewältigung untrennbar von der famili-
> ären Vorerfahrung und dem familiären Verhalten sind, ist die Seel-
> sorge an Kranken an sich immer Familien- und Angehörigenseel-
> sorge. (Hézser, Handbuch der Krankenhausseelsorge, 160)

4.2 Theologische Reflexion

> Das Paradigma der Nächstenliebe (Lk 10,25–37) lehrt uns den Nächs-
> ten als einen verletzten Menschen zu sehen. Aber es ist nicht nur die
> schwere Verletzung im groben Wortverstand, die uns auf den Nächsten
> aufmerksam machen soll, es ist die grundsätzliche Verletzlichkeit des
> anderen Menschen, auf die die Nächstenliebe achten lehrt. Wir nennen
> dieses Eingehen auf die Verletzlichkeit des Nächsten mit einem schwer
> aufzuklärenden Begriff: den Takt. Er bedeutet die Respektierung des
> anderen Menschen angesichts seiner grundsätzlichen Verletzlichkeit
> und ebenso die Beachtung seiner wohl gehüteten Privatsphäre, der
> Verschlossenheit seiner Persönlichkeit. (Trillhas, Ethik, 299)

Dieser Takt setzt das Einfühlen voraus und bedeutet immer
das Einhalten von Grenzen, die Respektierung des anderen
und Zurückhaltung, die es dem anderen ermöglicht, seinen
Weg zu gehen.

Auch im Matthäusevangelium finden wir viele Heilungs-
geschichten, in denen sich Jesus mit den Angehörigen von
sterbenden oder kranken Menschen auseinandersetzt, weil sie
es sind, die sich in ihrer Verzweiflung an ihn wenden. Deutlich wird dabei, dass es die personale Zuwendung zwischen
Jesus, den Angehörigen und ihren Patienten ist, die diesen
Begegnungen zu Grunde liegt. Die Verheißung Jesu, »dass
auch im Tod Leben ist, sollte nicht nur proklamiert, sondern
glaubwürdig erfahren werden. Verkündigung ist Beziehung.«
(Schweidtmann, Sterbebegleitung, 178ff)

Dabei sind zwei Ebenen zu beachten: Die religiöse Ebene
der Angehörigen und des Sterbenden und die religiöse Ebene
des Beraters.

Jeder Berater hat sich zu fragen, wie er es selber mit seinem Glauben hält. Dabei geht es erst einmal nicht um die Frage, ob sich dieser Glaube in eine Konfession einbinden lässt, sondern ob sich der Berater als religiöser Mensch empfindet und ob es ihm gelingt, die religiösen Empfindungen anderer wahrzunehmen.

Wir leben heute nicht mehr in der Welt des einheitlichen Christentums – wenn es das überhaupt jemals gegeben hat – sondern in einer multikulturellen und multireligiösen Welt.

Umso wichtiger ist es, dass der Berater für sich einen festen Standpunkt hat. Dieser schließt den Zweifel mit ein, denn jeder noch so religiös gebundene Mensch ist hin und wieder Zweifeln unterworfen. Der Zweifel gehört zu unserem Menschsein ebenso wie die Aussage: Ja, ich glaube.

Wenn also davon auszugehen ist, dass jeder Mensch ein »religiöses Wesen«, also im Wortsinn »rückgebundener Mensch« ist, hat sich der Berater zu fragen, woran er »rückgebunden« ist. Für Christen sollte die Antwort klar sein und manifestiert sich letztlich im Glaubensbekenntnis.

Für Menschen anderer Glaubensrichtungen, z.B. dem Islam oder dem Judentum, ist es die Rückbindung an Allah oder Adonai. Und selbst der sogenannte Atheist hat häufig eine »Rückbindung« – nämlich die Philosophie, dass der Mensch alles machen und bestimmen kann – auch im Sterbeprozess.

Ein christlicher Berater sollte sich klar und deutlich fragen, was der Glaube an die Auferstehung Jesu für sein Leben und Sterben bedeutet und ob dieser Glaube ihn beim Loslassen und beim Neuanfang helfen kann. Zwar muss jeder die Antwort für sich selber herausfinden, aber je eindeutiger sie für einen persönlich ist, umso hilfreicher ist sie für den Menschen, den er zu beraten hat.

Allerdings muss er nicht darüber sprechen. Es versteht sich eigentlich von selbst, dass keinem sterbenden Menschen oder seinen Angehörigen der Glaube des Beraters übergestülpt wird oder versucht wird, im Sterbeprozess einen Menschen zu missionieren. Stattdessen sollte der Berater warten, ob der Sterbende bereit ist, über seine religiösen Vorstellungen zu sprechen.

Erst dann sollte der Berater versuchen, einen inneren Konsens herzustellen, wobei es seine Aufgabe ist, mit den Angehörigen und eventuell auch mit dem Sterbenden nach Antworten zu suchen – und nicht Antworten vorzugeben.

Die Frage nach Gott und nach dem, was nach dem Tod kommt, werden Angehörige und Patient nur für sich selber beantworten können. Der Berater kann nur von sich und seinem Glauben sprechen – und er sollte sich hüten, diesen als Allerweltsglauben hinzustellen. Sterbende – aber auch Angehörige in der angespannten Situation – spüren sehr genau, ob der Berater identisch ist mit dem, was er bekennt.

Wieder ausgehend von der These, dass jeder Mensch ein religiöses Wesen ist, versucht der Berater die religiöse Ebene der Angehörigen und ihrer sterbenden Patienten zu erfassen und nachzuempfinden.

Sterbende Menschen haben dabei oft tiefe Sehnsüchte, ihrer Rückbindung nahe zu kommen. Sie sagen:»Ich kann nicht tiefer fallen als in Gottes Hand!« »Bald werde ich bei meinem Herrn sein!« »Bruder Jesus« oder »Gott, Vater …«

Dabei kann es zu ganz unterschiedlichen Vorstellungen kommen, ja nachdem, was der Mensch für eine Erfahrung mit seiner Rückbindung gemacht hat. Der Berater sollte die Angehörigen ermutigen, sich auf die Sehnsüchte der Sterbenden einzulassen, auch wenn sie nicht den Vorstellungen der Angehörigen entsprechen sollten. Sie sollten den Sterbenden erzählen lassen und dabei auf seine Sehnsüchte, seine Hoffnungen, seine Wünsche achten.

Haben Berater, Angehörige und Sterbender einen inneren Konsens gefunden, kann der Berater die Angehörigen und den Sterbenden zu einem Gebet einladen oder sogar den Sterbenden ein Gebet sprechen lassen. Spricht der Berater das Gebet, sollte er darauf achten, dass er die wahrgenommenen Empfindungen ausgedrückt. Dabei versucht er die Sehnsüchte und Wünsche der Angehörigen und des Sterbenden nachzuformulieren, reicht ihnen sozusagen innerlich die Hand – mit der Bitte, dass sich Gottes Zusage erfüllen möge, dass jeder Mensch bei ihm geborgen sei.

Sterbende beten oft in der Stille und die Erfahrung hat gezeigt, dass auch der nichtreligiöse Mensch sich im Sterbeprozess auf die Suche nach Antworten macht. Grundsätzlich gilt, dass die religiösen Empfindungen des Sterbenden und seiner Angehörigen zu achten sind. Offenheit und Toleranz sind die wichtigsten Voraussetzungen, dass der Glaube beim Sterben helfen kann.

Darüber hinaus kann der Berater den Angehörigen Mut machen, sich Ritualen zu stellen, die bei einer Sterbebegleitung möglich sind:

- Krankensalbung: soll dem Sterbenden helfen, in der Erkenntnis zu wachsen, dass Gott der einzig Rettende ist.
- Abendmahl: soll dem Sterbenden helfen, die Gemeinschaft mit Jesus Christus als dem Auferstandenen in Brot und Wein (Saft) zu spüren
- Vergebung und Befreiung: sollen dem Sterbenden zeigen, dass Gott immer wieder einen Neuanfang schenkt, ich darf loslassen, ich darf mich vertrauensvoll in Gottes Hand fallen lassen.
- Gebete: zeigen dem Sterbenden die Solidarität des begleitenden Angehörigen
- Gesang: ein gemeinsam gesungenes oder auch gesummtes Kirchenlied kann Erinnerung wecken und trösten und das Gefühl vermitteln: du bist nicht allein.
- Segnung: Der Herr segne deinen Ausgang und Eingang von nun an bis in Ewigkeit. Amen: soll dem Sterbenden zeigen, dass Gottes Segen mit ihm ist, wohin er auch geht. Gott ist schon da, Gottes Geborgenheit umfasst ihn

Fazit: Eine christliche Begleitung Angehöriger und ihrer sterbenden Patienten ist daher ohne den Osterglauben nicht möglich. Dieser Glaube muss nicht auf den Lippen getragen werden, aber er ist für die eigene Grundhaltung wichtig. Es ist von zentraler Bedeutung, dass der Berater seinen eigenen Tod und die eigene Hoffnung auf die Auferstehung reflektiert und integriert hat. Von dort aus kann er Angehörige begleiten und beraten, die sich um ihre sterbenden Patienten sorgen.

Bei Lukas 24, 13–34, der sogenannten Emmausgeschichte, wird ein besonders gelungenes Beispiel für die Beratung Angehöriger geliefert.

Ebert und Godzig beschreiben in dem Buch »Verlass mich nicht, wenn ich schwach werde« (19–94) mittels dieser biblischen Geschichte die Begleitung und Beratung von Menschen, die sich mit Sterbenden auseinander setzen. Sie unterteilen dies in mehrere Schritte:

Der erste Schritt: wahrnehmen

Das erste, was wir in dieser Geschichte von Jesus erfahren, ist, dass er wahrnimmt, wie zwei Menschen Beistand und Begleitung brauchen. Er spürt, wie ihnen zumute ist und weiß, dass sie sich aus eigener Kraft nicht aus der Trauer erlösen können.

Der zweite Schritt: mitgehen

In der Emmausgeschichte heißt es von Jesus, er sei »mit ihnen gegangen«. Es tut gut, wenn in einer Notsituation jemand anderes signalisiert: »Ich bin bei dir, ich begleite dich auf deinem Weg.« Wir Menschen sehnen uns besonders in Zeiten der Trauer und des Leides danach, bemerkt und wahrgenommen zu werden. Aber weil viele von uns fürchten, andere könnten sich von uns abwenden, wenn wir sie mit unserem Leid »belästigen«, halten wir Trauer und Schmerz oft verborgen. Gleichzeitig hoffen wir, dass derjenige, der unser Leid sieht, sich nicht erschreckt, empört, ängstlich, überfordert oder gleichgültig abwendet, sondern bei uns aushält und mitgeht. Denn die Nähe Gottes vermittelt sich fast immer durch die Nähe eines Mitmenschen. Jesus hat sich in seinem Todeskampf im Garten Gethsemane danach gesehnt, dass seine Jünger mit ihm wachen und ihn in seiner Not begleiten. Die Angst vor der Einsamkeit ist nichts, dessen man sich schämen muss. Und nichts kann den Glauben daran, dass Gott da ist, so stärken wie die Erfahrung, dass ein Mensch da ist, wenn ich ihn brauche. Der Gott der Bibel sagt: »Es ist nicht gut, dass der Mensch allein sei ...« Dieser Satz betrifft nicht nur die eheliche Gemeinschaft, sondern enthält eine biblische Grundaussage über das Menschsein. Der Gott der Bibel ist ein Gemeinschaftsgott, der Beziehung, Nähe und Liebe will. Der alttestamentliche Gott Jahwe ist ein Gott, der mitgeht, wie er sich Mose offenbart. Nach Gottes Ebenbild sind auch wir Menschen zur Gemeinschaft und zum Miteinander-Gehen geschaffen. Deshalb gibt es kaum einen größeren Schmerz als den, alleingelassen zu werden.

Und so gehört es zur Beratung Angehöriger und ihrer sterbenden Patienten, ihnen ihre Würde als Ebenbild Gottes zurückzugeben.

Der dritte Schritt: zuhören

In der Emmausgeschichte ist Jesus lange Zeit Zuhörer, bevor er zu sprechen beginnt. Er hört auf eine Weise zu, die den traurigen Jüngern hilft, zu reden, das Herz auszuschütten, ihre Trauer in Worte zu fassen. Diese Art des Zuhörens erfordert die Aufmerksamkeit, Konzentration und Präsenz des ganzen Menschen.

Der vierte Schritt: verstehen

Aber Jesus hat den Jüngern nicht nur zugehört; er hat sie auch verstanden. Und die Jünger haben sich verstanden gefühlt, sonst hätten sie ihn nicht später zum Bleiben genötigt. Von Jesus heißt es einmal im Johannesevangelium: »Er musste niemand etwas fragen, denn er wusste, was in einem Menschen vorging.«

Verstehen ist noch ein Schritt mehr als Zuhören, obwohl beides ineinander übergeht und Verstehen ohne Zuhören unmöglich ist. Schon präzises Zuhören und genaues Erfassen dessen, was das Gegenüber sagt, ist schwierig. Wirkliches Verstehen ist noch schwieriger, weil das bedeutet, auch das zu hören, was das Gegenüber nicht sagt, also die Worte zwischen den Worten wahrzunehmen. Bei diesem Versuch ist die Gefahr groß, eigenes Denken, Wollen und Fühlen in die oder den anderen hineinzudeuten und das Gegenüber falsch einzuschätzen.

Verstehen ist ein umfassender Vorgang, der Gesagtes und Nicht-Sagbares umfasst. Verstehen ist nicht »machbar« und setzt dennoch etwas voraus, nämlich Offenheit und Sensibilität für sich und andere.

Der fünfte Schritt: weitergehen

Als Jesus mit den Jüngern in Emmaus angekommen ist, tut er so, als wolle er weitergehen. Dadurch zeigt er, dass er die Eigenständigkeit der beiden achtet. Er gibt ihnen die Chance, selbst zu bestimmen, wie viel Distanz oder Nähe sie wollen oder brauchen. Er bindet sie nicht an sich, sondern lässt los.

Solches Loslassen ist in jeder Beratung wichtig. Es gibt dem Angehörigen die Möglichkeit, sich aus einer Beziehung zurückzuziehen, wenn er sie im Moment aus irgendwelchen Gründen nicht wünscht oder braucht. Es bewahrt den Berater davor, sich unersetzbar zu machen.

5. Grundlegende Techniken

5.1 Der rechte Zeitpunkt der Kontaktaufnahme

Um Angehörigen die geeignete Unterstützung geben zu können, ist es wichtig, den richtigen Zeitpunkt zu erwischen, an dem der Angehörige bereit ist, Hilfe anzunehmen.

Bei der Krankenhausaufnahme oder beim ersten Hausbesuch stehen Angehörige und Patienten oft stark unter Stress. Die Krankenhausumgebung kann an sich schon eine Belastung darstellen, da sie neue und oft unangenehme Erfahrungen mit sich bringt und man sich auf viele bisher unbekannte Menschen einstellen muss.

Jeder Kontakt in diesem Anfangsstadium sollte daher so kurz wie möglich sein, um den Stress zu minimieren. Häufig reicht es aus, sich als Berater vorzustellen und einen weiteren Besuch anzukündigen. Dieser weitere Kontakt (oder weitere Kontakte) sind notwendig, um die Bedürfnisse der Angehörigen zu beurteilen und um die emotionale Unterstützung zu planen. Das Ziel der Gespräche besteht darin, den Angehörigen beim Erkennen derjenigen Bereiche zu helfen, die ihnen am meisten am Herzen liegen.

Deshalb sollte von Anfang an klar sein, dass es keine feste Tagesordnung für das Gespräch gibt, oder dass irgendwelche Informationen gegeben werden müssen, bevor danach gefragt wurde. Manchmal kann ein Morgenbesuch hilfreich sein, weil Angehörige und Patient sich in der Nacht erholt haben, manchmal ist aber der Abendbesuch hilfreich, weil die Angst vor der Nacht die Betroffenen für Hilfestellungen öffnet.

Der erste Kontakt zwischen Berater, Pflegepersonen, Pati-

ent und den Angehörigen hat einen wichtigen Einfluss auf die
spätere Beziehung. Zeit, Verfügbarkeit und Respekt vor der
Privatsphäre sind beim Aufbau einer guten Beziehung wichtig. Spürt der Berater, dass die Kommunikation innerhalb der
Familie in irgendeiner Weise blockiert ist, ist es besser, mit
den Angehörigen und dem Sterbenden getrennt und dann
gemeinsam zu reden.

Die für die Pflege und Begleitung des Sterbenden und für
die Betreuung der Familie wichtigen Informationen sollten
den anderen Mitgliedern des Pflegeteams mitgeteilt werden.
Möglicherweise liegen schon sehr viele Informationen über
die sozialen Verhältnisse eines Patienten vor, wenn er von zu
Hause in das Krankenhaus eingewiesen oder aus dem Krankenhaus nach Hause entlassen wird. Darum ist eine Verknüp-
fung von Beratung im Krankenhaus und in den Gemeinden
hilfreich. Einige dieser Informationen können nämlich bei
der Planung und Durchführung unterstützender Maßnahmen äußerst wertvoll sein. Eine gute Beziehung zwischen der
Beratung im Krankenhaus und in der Gemeinde ist hilfreich.

Ein Besuch der Gemeindeschwester im Krankenhaus
könnte den Pflegepersonen und Beratern im Krankenhaus
sehr viele Informationen über die häuslichen Umstände des
Patienten liefern oder bei der Vorbereitung der Entlassung
des Patienten hilfreich sein. Umgekehrt sollte der Berater im
Krankenhaus Kollegen in den Gemeinden über die Angehörigen und ihre Situation informieren.

Dazu kann das Angehörigendiagramm sehr hilfreich sein.

5.2 Das Angehörigendiagramm

Das Angehörigendiagramm ist als Erinnerungsstütze für den
Berater gedacht und sollte zu Beginn einer Beratung ange-
fertigt werden. Es enthält Informationen über den Patienten
(Kopfreihe) und jene Angehörigen, die bei der ersten Begegnung angetroffen wurden (Untergliederung)

Später wird dieses Angehörigendiagramm durch weitere Daten ergänzt, z.B.: Wer pflegt den Kontakt zum Sterbenden, wer ist die engste Bezugsperson, gibt es Konkurrenzen am Krankenbett, welche Besucherströme gab es in der ersten Zeit, welche in der letzten Lebensphase. In dieses Diagramm können auch Äußerungen des Sterbenden eingetragen werden oder Informationen, die den Angehörigen helfen, den Sterbenden besser zu verstehen.

Hier kann der Berater auch dokumentieren, wie Patienten und Angehörige die unheilbare Krankheit bewältigen, denn die Kenntnis der Diagnose ist nicht immer gleichbedeutend mit der Akzeptanz derselben. Auch ist es hilfreich zu wissen, wer bisher sowohl in körperlicher als auch in emotionaler Hinsicht hauptsächlich für den Patienten zuständig war.

So können die Gefühle des Patienten und der Angehörigen aufgeschrieben und analysiert werden, um ihnen zu helfen, die Situation in möglichst positiver Weise zu bewältigen. Wenn es gelingt, die Angstgefühle der Patienten und Angehörigen zu analysieren, können viele denkbare Gelegenheiten zur Beschwichtigung dieser Ängste wahrgenommen werden.

Es versteht sich von selbst, dass dieses Angehörigendiagramm nach dem Tod des Patienten und dem letzten Gespräch mit den Angehörigen vernichtet wird.

Angehörigendiagramm (Eingangsbeispiel)

Patientin **Frau G.** Erstbesuch: 23.04.07 Empfindet Ehemann als anstrengend, dennoch froh, dass er da ist. Sie hat Angst.	Lehnt Kontakt mit Freunden ab	30.05.07 Spürt nahen Tod, heute besonders ängstlich		
Angehörige Ehemann G. Erstbesuch: 25.04.07 unruhig, leicht ag- gressiv, Informatio- nen werden verdrängt kann Wahrheit noch nicht ertragen Gespräch über Tochter und Freunde	Freunde der Familie, treten selten auf, sind in Gesprächen präsent, treffen Ehe- mann in der Stadt, z.T. trösten sie, andere de- motivieren Herrn G.	Tochter Conny kennt Diagnose, ist informiert, ruhig, sorgt sich mehr um Vater, gegenüber Mutter dis- tanziert, hat eine Tochter Susanne, will mit ihr über Tod sprechen, ist aber unsicher	Ehemann v. Conny, Beziehung tragend, distanziert zu Schwie- gereltern, enge Beziehung zur Susanne, kommt selten zur Patientin	Susanne, Tochter von Conny, enge Beziehung zu Großel- tern, spürt Verlust der Oma, hat Angst, muss noch informiert werden

5.2.1 Der Ort der Gespräche

Das Patientenzimmer
Ein wesentliches Element gelingender Beratung ist der Ort, an
dem die Beratungsgespräche stattfinden. Das Patientenzimmer ist der augenblickliche »Lebensraum« des Sterbenden.
Deshalb sollten dort keine Gespräche über den bevorstehen-

den Tod geführt werden, es sei denn, der Patient wünscht es und spricht die Angehörigen und den Berater daraufhin an.

Der augenblickliche Lebensraum ist auf das Heute eingestellt und lädt ein, Gespräche über das gegenwärtige Leben zu führen. Je mehr Alltag, umso mehr Leben. Darüber hinaus kann über »Anker des Lebens« gesprochen werden, z.B. über den Glauben oder über Gemeinsamkeiten, die die Familie getragen haben. Es ist hilfreich, gute und tragende Erinnerungen wachzurufen. Das macht zwar manchmal traurig, hilft aber auch, sich mit dem gegenwärtigem Abschied auseinander zu setzen, ohne ihn immer direkt zu benennen, denn die Vergangenheit kann niemand ändern.

Die Zukunft kennt niemand und man kann sie auch nicht vorherbestimmen, darum ist es nicht hilfreich, Zukunftsvisionen am Krankenbett zu besprechen, die den Sterbenden betreffen, es sei denn, er möchte es.

Manchmal kann es aber dem Patienten helfen, los zu lassen, wenn die Angehörigen ihm ehrlich zu verstehen geben, dass er sich um sie keine Sorgen zu machen braucht.»Wir kümmern uns um dein Geschäft! Es wird zwar nicht leicht werden, aber schließlich haben wir es ja von dir gelernt!« sagte die Tochter eines sterbenden Uhrmachers, der sich sorgte, dass sein Geschäft geschlossen werden müsse.

Der Sohn eines sterbenden Vaters beruhigte diesen mit den Worten: »Heute hat dein Enkel seine Ausbildungsstelle bekommen! Wir brauchen uns keine Sorgen mehr um Dennis zu machen!«

Es ist als Berater hilfreich, das Thema Zukunft nur dann ins Gespräch zu bringen, wenn er spürt, dass Zukunftsgedanken den Patienten und seine Angehörigen beunruhigen. Hier kann der Berater die Fragen der Angehörigen oder des Patienten aufnehmen, um mit ihnen dann gemeinsam nach Antworten zu suchen, wobei der Berater darauf zu achten hat, ob es sich um die nahe Zukunft des Sterbens handelt oder um die weitere Zukunft der Angehörigen.

Der Stationsflur
In Kliniken ist der Stationsflur oder das Schwesternzimmer leider immer noch der häufigste Ort, an dem Angehörige mit dem Berater sprechen können. Die Gesprächsatmosphäre ist dabei immer durch den Alltag der Station bestimmt und damit nicht besonders hilfreich, emotionale Themen zu besprechen. In diesen Bereichen werden daher eher die sachlichen Themen besprochen, wie z.B. Diagnose oder Therapie.

Will der Berater aber die emotionale Seite der Angehörigen erreichen, ist es besser »geschützte Räume« zu finden.

Die Stationsküche/Wohnküche
Die Küche ist in der Regel der Treffpunkt der intakten Familie vor der Erkrankung des Sterbenden. Sie gab in guten Zeiten eine »heimelnde« Atmosphäre.

Sowohl in der ambulanten als auch in der stationären Beratung schafft dieser Raum von sich aus eine Atmosphäre, in der sich Angehörige aussprechen können und empfänglich werden für eine tragende Beratung. Manche Kliniken haben auf ihren Stationen solche »Stationsküchen«, die auch von Angehörigen genutzt werden können. An diesem Ort lassen sich viele Fragen klären.

In der ambulanten Beratung ist es immer hilfreich, jenen Ort des Gespräches auszusuchen, an dem sich der Angehörige sicher und getragen fühlt, und auch das ist nicht selten die Küche.

5.3 Modelle der Unterstützung

Freundlichkeit und Wärme seitens des Pflegepersonals und Berater sind für Angehörige und ihre Patienten sehr wichtig, aber manchmal benötigen sie eine weiter gehende Art der Unterstützung. Viele brauchen auch Hilfe, um sich darüber klar zu werden, wie sie mit den durch eine schwere Krankheit verursachten Schwierigkeiten fertig werden können.

Die Unterstützung von Angehörigen erfordert von den Beratern eine individuelle Vorgehensweise und Beratungskompetenz. Tragender Grund dieser Arbeit ist und bleibt die Grundhaltung der partnerzentrierten, mit dem Namen C. Rogers verbundenen Psychologie: Empathie, bedingungslose Wertschätzung und Selbstkongruenz. Aus dieser Grundhaltung heraus entwickelten sich die spezifischen Methoden der Angehörigenarbeit.

Exkurs: Empathie als Grundhaltung in der Begleitung

Sich auf den anderen einlassen, ohne ganz von ihm und seiner Situation vereinnahmt zu werden – in der therapeutischen Arbeit spricht man hier von der Haltung der Empathie und diagnostischer Distanz. Damit ist gemeint: Ich öffne mich gegenüber dem anderen und halte zugleich Distanz zu ihm, um ihn zu verstehen.

So viel Nähe wie möglich und so viel Distanz wie nötig! Der Berater öffnet sich so weit wie möglich den Gefühlen der Angehörigen und versucht, deren jeweilige emotionale Lage für sich selbst lebendig werden zu lassen, aber er hält zugleich so viel Abstand, wie nötig für ihn wichtig ist, um innerlich stabil zu bleiben und um nicht gänzlich von den Gefühlen des anderen aufgesogen zu werden.

Der Berater darf nicht mit dem Angehörigen soweit mitleiden, sodass er selber daran zerbricht, und er kann nicht mit jedem sterben, den er im Sterben begleitet. Bei aller Nähe braucht es also eine gewisse Distanz, denn nur aus diesem Abstand heraus ist es dem Berater möglich, demjenigen, den er begleitet, gegebenenfalls auch Alternativen anzubieten zu jenen Sichtweisen, in denen er augenblicklich sich und seine Situation wahrnimmt und erlebt. Es geht beim Beraten eines Menschen ja nicht nur darum, sich möglichst einfühlsam in den anderen hineinzuversetzen, sondern es geht auch darum, ihm den Blick zu ermöglichen zu jenen Lebensfeldern und

Bereichen, die ihm momentan aufgrund seiner persönlichen Lage nicht zugänglich zu sein scheinen.

Und das geht manchmal nicht ohne eine geduldige, aber auch liebevolle Konfrontation. Empathie bedeutet, die Traurigkeit des Angehörigen an sich heranzulassen, der spürt, dass manche Dinge, die er bisher mit seinem Patienten unternommen hat (z.B. Reisen oder sportliche Aktivitäten) mit diesem in der Zukunft nicht mehr möglich sein werden. Der Berater bringt diese Gefühle zur Sprache.

Es hilft ihm nämlich nicht weiter, den Verlust eines konkreten Lebensbereichs zu verharmlosen (was ja meist unbewusst aus dem Bestreben heraus geschieht, die eigene Person vor jenen schmerzlichen Gefühlen zu schützen, mit denen der andere zu kämpfen hat). Der Berater hat also die Gefühle des Angehörigen weder auszureden noch zu bewerten oder zu korrigieren, sondern sie anzunehmen. Empathie heißt, dem anderen so offen und warmherzig zu begegnen, dass er spürt: Ich bin in meinen Empfindungen ernst genommen und angenommen!

Empathie heißt aber auch, demjenigen, der beraten und begleitet wird, jene Lebensmöglichkeiten vor Augen zu führen, die er in seiner momentanen Gefühlslage nicht sehen möchte oder noch nicht zu sehen vermag.

»Natürlich!« sagte Herr G. immer noch sehr erregt. »Ich weiß, dass meine Frau nicht mehr lange leben wird. Das hat mir der Doktor schon gesagt. Aber er hat auch gesagt, dass niemand voraussagen kann, wann es soweit ist. Also warten wir ab und lassen uns die Hoffnung nicht nehmen.« »Gut!« antwortete ich. »Vielleicht verstehen Sie dann, warum ich Ihre Frau bat, nicht zu weit in die Zukunft zu schauen, um diese nicht mit zu hohen Erwartungen zu befrachten. Ihre Frau wird von Tag zu Tag schwächer. Zwar wird mit jeder Bluttransfusion das Gefühl vermittelt, es ginge wieder aufwärts, aber die Zeitabstände, in denen die Transfusion zugeführt wird, werden immer kleiner, bis eines Tages auch dies nicht mehr ausreicht. Sie haben dies sicherlich auch schon gemerkt!«

Empathie zeigt sich darin, den ersten Ärger und die Enttäuschung von Herrn G. wahrzunehmen und ernst zu nehmen. Empathie bedeutet jedoch zugleich, den verbitterten Herrn G. mit der medizinischen Realität zu konfrontieren, auch wenn er diese Worte zunächst nicht gerne hören möchte.

Der Berater muss sich immer ein gesundes Maß an Distanz und Nähe bewahren, wenn er den Angehörigen durch die Beratung helfen möchte, jenen Weg zu entdecken, der ihn augenblicklich weiterführt. Die Haltung der Empathie gleicht einer Grat-Wanderung, die immer neu gewagt und geübt werden muss. Geht der Berater im Kontakt mit den Angehörigen zu sehr auf innere Distanz und hält er sich mit seiner eigenen Person zu sehr aus dem Geschehen heraus, wird es nicht zu einer lebendigen Begegnung kommen: Seine Worte und Gesten bleiben an der Oberfläche.

Geht hingegen der Berater in der Begleitung eines Angehörigen zu sehr in dessen Gefühlswelt auf und leidet jeden Schmerz mit, wird er bald so überfordert und ausgelaugt sein, dass auch er nicht mehr weiterkann und schlimmstenfalls selbst erkrankt.

Damit wäre niemandem geholfen, dem Angehörigen nicht und seinem Berater auch nicht. Die Haltung der Empathie erfordert also den Einblick in das emotionale Empfinden und die Innenwelt eines Angehörigen, um diesen besser zu verstehen und sein Verhalten sachgerechter deuten zu können. Sie ermöglicht zugleich, die eigenen Empfindungen und Gefühle besser einzuordnen und so der Gefahr zu entgehen, von bedrückenden Erlebnissen derart stark belastet zu werden, dass dies auf Kosten der eigenen seelischen Gesundheit geht.

5.3.1 Systemische Problemformulierung

Die systemische Formulierung versucht, das gemeinsame Problem oder Anliegen zu erfassen. Z.B.: In der Krise, die die Krankheit bei der Familie ausgelöst hat, kann sie ihre Gefühle nicht austauschen. Der einzelne, Angehöriger oder Patient, formuliert gegenüber dem Berater seine Gefühle. Das Ziel der

Begleitung ist dann die (Wieder-)Herstellung der Kommuni-
kationsfähigkeit, d.h. es wird das gegenseitige Mittragen der
gemeinsamen Belastung angestrebt.

5.3.2 Reframing

Der englische Begriff Reframing (deutsch: Umdeutung)
bezeichnet eine Technik aus der Systemischen Familienthe-
rapie. Durch Umdeutung wird einer Situation oder einem
Geschehen eine andere Bedeutung oder ein anderer Sinn
zugewiesen. Dies geschieht dadurch, dass der Berater in dem
Gespräch versucht, die Situation in einem anderen Kontext zu
sehen. An die Stelle des individuellen Verständnisses tritt die
Betroffenheit aller.

Im Verlauf eines Angehörigengesprächs werden laufend zu
den Formulierungen der unverrückbaren und versteinerten
Thesen der Familienangehörigen und ihrer Ideologie sogenannte Alternativen angeboten.

*Z.B.: Herr und Frau G. haben immer das Bild der Goldenen
Hochzeit vor Augen gehabt. Erst als der Berater ihnen andere
Lebensmöglichkeiten bewusst machte, in dem er weniger auf
die Zukunft, sondern auf die Gegenwart schaute, brachte er
einen neuen Blickwinkel ein, der von der Familie bisher nicht
gesehene Zusammenhänge aufzeigte, wodurch sich ihr Sinn und
ihre Bedeutung veränderten.*

Einem in der Umdeutung geschulten Berater ist es durch
Kommunikation möglich, Szenen in einem anderen Blickwinkel erscheinen zu lassen, so dass es den Beteiligten leichter
fällt, mit ihrer Situation umzugehen.

Die Kommunikation fördern kann z.B. auch ein Hinweis
des Beraters auf seine allgemeine seelsorgerliche Erfahrung,
z.B. im Krankenhaus oder in der Gemeinde. So ein Hinweis
führt das gegenseitige Betroffensein als Thema ein. Die Angehörigen spüren bei der Schwere der Erkrankung des Patienten und den verständlichen Schwierigkeiten, die dadurch

entstehen, dass da jemand versucht, mit ihnen darüber ins Gespräch zu kommen. Der Berater kann darauf hinweisen, dass erstaunlicherweise manchen Familien gerade solch eine schwierige Lebenssituation geholfen hat, miteinander über Themen zu sprechen, die sonst nur schwer anzusprechen waren.

5.3.3 Das Beratungsmodell nach Gerard Egan

Gerard Egan kennzeichnet das Verhalten einer erfolgreichen Beratung folgendermaßen:

> Biete dem Menschen eine Beziehung an, in der er sich ganz frei mit seinen Problemen auseinandersetzen kann; hilf ihm dann, das Problem objektiv zu sehen und die Notwendigkeit zu handeln zu begreifen; hilf ihm schließlich zu handeln.

Egan vereint in seinem Modell gesprächstherapeutische, kognitive und verhaltenstheoretische Ansätze. Es ist primär am ratsuchenden Menschen orientiert und erst an zweiter Stelle am Problem, weswegen der Hilfesuchende vielleicht kommt. Das Modell ist wissenschaftlich fundiert. Egan orientiert sich an empirischen Forschungsergebnissen – nicht nur zu den genannten Ansätzen, sondern darüber hinaus generell an Ergebnissen kommunikationstheoretischer und sozialpsychologischer Forschung. Dabei wendet sich dieses Modell an alle Vertreter helfender Berufe – seien es Experten oder Laien, sofern sie an einer erfolgreichen Kommunikation interessiert sind.

Das Beratungsmodell nach Gerard Egan (The Skilled Helper)

a) Anfangsstadium
b) Verständnisstadium
c) Unterstützungsstadium

a) Im Anfangsstadium hilft der Berater den Angehörigen bei der Beurteilung ihrer Situation und ihrer Bedürfnisse. Das kann einige Zeit benötigen, denn das Gesamtbild der

Bedürfnisse von Angehörigen und Patienten muss über mehrere Interaktionen mit dem Pflegepersonal und dem Berater aufgebaut werden. Je mehr Personen die Situation spiegeln, umso unterschiedlichere Wahrnehmungen können analysiert werden, können Ängste und Probleme identifiziert werden.

b) Im Verständnisstadium hilft der Berater den Angehörigen, zu einem neuen Verständnis ihrer Situation zu gelangen und sich klarzumachen, was sie tatsächlich tun könnten, um mit der Situation besser fertig zu werden.

c) Im Unterstützungsstadium werden die Angehörigen bei der Verwirklichung ihrer Entscheidungen und Pläne und bei der Berücksichtigung möglicher Konsequenzen unterstützt.

Ein Berater sollte auf Grund seiner Erfahrung beurteilen können, wann jemand soweit ist, von einem Stadium in das nächste überzugehen. Dadurch ist gewährleistet, dass der Angehörige oder der Sterbende das Tempo bestimmt und nicht der Berater selbst. Beratung unterscheidet sich gerade hier von anderen Formen von »Helfer«-Beziehungen, denn es soll Hilfe zur Selbsthilfe geleistet werden, damit die Betroffenen sich der ihnen zur Verfügung stehenden Ressourcen bewusst werden, eigene Entscheidungen treffen oder mit einer neuen Erfahrung umgehen lernen.

Wenn jemand unterstützend wirkt, muss er sich immer bewusst sein, wie leicht es für Berater und Pflegepersonen ist, die sehr verletzlichen Menschen von sich abhängig zu machen und auf diese Weise ihr Gefühl der Hilflosigkeit noch zu verstärken. Es können schwierige Situationen entstehen, wenn die Pflegepersonen z.B. Fragen stellen wie: »Was sollte man dem Patienten über seine Krankheit mitteilen?« anstatt »Was möchte der Patient über seine Krankheit wissen?« Bevor es eine Unterstützung der Angehörigen und ihrer Patienten gibt, sollte immer eine genaue Analyse ihrer Bedürfnisse gemacht werden. Dies ermöglicht einen individuellen und flexiblen Ansatz für jeden einzelnen.

Um diese genaue Analyse aber vornehmen zu können, bedarf es der Vertrautheit von Berater, Pflegepersonal und Angehörigen mit ihren Patienten.

5.3.3.1 Im Anfangsstadium Vertrautheit schaffen und eine Beziehung aufbauen

Die Voraussetzung, um als Berater Vertrautheit zu schaffen, ist seine persönliche Wahrnehmungsfähigkeit, d.h. sich der Situation offen zu stellen und seine Fähigkeit genau hinzuhören. Dabei gilt es auch auf die nonverbalen Botschaften zu achten. Haltung, Gestik, Mimik und Stimme senden nonverbale Botschaften an die Angehörigen und an den Sterbenden. Darum ist es für den Berater wichtig, Grundelemente physischer Zuwendung zu beherrschen.

– Der Berater sitzt dem Angehörigen oder dem sterbenden Patienten nach Möglichkeit direkt gegenüber. Das drückt aus, dass der Berater am Schicksal der Personen interessiert und bereit ist, mit ihnen zu arbeiten.

– Der Berater nimmt eine offene Haltung ein, seine Arme sind nicht verschränkt. Das drückt aus, dass er für die Angehörigen offen ist. Dabei kann er sich hin und wieder zum Angehörigen und seinem Patienten neigen. Das unterstreicht die Aufmerksamkeit und lässt beide spüren, dass der Berater direkt bei ihnen ist – und nicht in Gedanken schon einen Schritt weiter.

– Der Berater hält guten Augenkontakt, sowohl zu den Angehörigen als auch zu dem Sterbenden, ohne zu starren. Vielmehr vermittelt der Augenkontakt: Ich will es mit dir und dem, was dich bewegt, zu tun haben.

– Der Berater versucht, möglichst entspannt zu sein – auch wenn die Situation am Sterbebett manchmal angespannt ist. Der Berater signalisiert damit, dass er die Situation beherrscht. Der Angehörige kann sich dann auch leichter entspannen, weil er dem Berater vertraut.

– Der Berater achtet auf seine natürliche Stimme. Ein mitleidiger Tonfall ist zu vermeiden, ebenso ein herrschender Tonfall. Der eine Tonfall führt zur Verunsicherung der

Angehörigen, der andere zur Verängstigung. Je natürlicher die Stimme des Beraters, umso leichter kann Vertrautheit hergestellt werden.
- Bei umsichtiger Zuwendung zum Angehörigen hört der Berater automatisch besser zu.

Im Allgemeinen erzählen die Angehörigen über drei Dinge: ihre Erfahrungen mit dem Krankheitsbild des Patienten, ihre Verhaltensweisen in Bezug auf den Patienten und die darauf bezogenen Gefühle. All das kann offen vorliegen in Form von wahrnehmbaren, äußeren Verhalten oder versteckt in Form innerer, nicht sichtbarer Begebenheiten oder Vorgänge. Der Berater kann viel über die Angehörigen in Erfahrung bringen, indem er auf ihre Sprechweise, also den Gemisch von Erfahrung, Verhaltensweisen und Gefühlen beim Reden und auf ihre Körperhaltung achtet.

Der Berater spiegelt die Erfahrungen, die Verhaltensweisen und Gefühle von Herrn G.:»Nein, Herr G. Das stimmt so nicht. Ich habe vermutlich etwas in ihrer Frau angesprochen, was sie schon längst weiß. Ihre Frau ahnt mehr als Sie und ich und alle anderen zusammen. Ihre Frau weiß um ihre begrenzte Zeit, nur sie will bzw. wollte es sich nicht eingestehen. Ich kann das gut verstehen, aber gleichzeitig weiß ich auch, dass die Folgezeit sehr schwer wird, wenn Sie beide nicht ehrlich miteinander ins Gespräch kommen. Und dazu gehört auch, dass Sie Ihrer Frau eingestehen, dass Sie nicht gern ins Krankenhaus gehen, dass Sie es aber ihr zuliebe tun, um sie nicht allein zu lassen. Dazu gehört, dass Sie mit Ihrer Tochter, dem Schwiegersohn und vielleicht auch mit der Enkeltochter über Ihre Situation als Ehemann und Vater sprechen, über Ihre Gefühle zu Ihrer Frau, zur Familie. Und dazu gehört vor allem, dass Sie von Ihren Ängsten und Ihren Traurigkeiten sprechen, die Sie in sich tragen. Jedenfalls vermute ich mal, dass Sie sehr traurig sind, weil Ihre Frau so krank ist. Und noch etwas gehört zu allem, dass Sie zu Ihren Hoffnungen stehen, die Sie in sich tragen, Hoffnungen, die über die Leidenszeit hinausgehen.«

Herr G. hört auf, an seiner Kleidung zu zupfen und ständig mit den Füssen zu wippen. Stattdessen holte er ein Taschentuch aus seiner Hosentasche, um sich Tränen aus den Augen zu wischen: »*Ich war mir so sicher, dass wir unsere Goldene Hochzeit noch feiern würden, aber als meine Frau jetzt zuhause war und dann lieber wieder ins Krankenhaus zurück wollte, habe ich gespürt, dass wir die Zeit nicht mehr haben. Ich werde mit den Kindern sprechen, aber was soll ich jetzt hier machen? Was soll ich meiner Frau sagen?*«

Es geht aber nicht nur um die Fähigkeit, Angehörigen und ihren Patienten zuzuhören, sondern auch, sich selber wahr zu nehmen.

Wenn ein Berater sich selbst nicht wahrnehmen kann, kann er auch andere nicht wahrnehmen. Wenn der Berater aber den anderen Menschen nicht wahrnehmen kann, kann er ihn auch nicht begleiten. Er läuft sonst Gefahr, Angehörigen gut gemeinte Ratschläge zu geben oder all das zu tun, was seinem eigenen Bedürfnis in einer ähnlichen Situation entsprechen würde. Das kann für sein Gegenüber aber genau das Falsche sein, weil dieser Mensch anders ist als der Berater.

Zur Selbstwahrnehmung gehört auch, dass der Berater seine eigenen Gefühle zulassen und ausdrücken kann und sich bewusst macht, wie er normalerweise mit den eigenen Gefühlen umgeht und sich fragt:

- Wie ist das, wenn ich traurig oder verzweifelt bin, wenn ich glücklich bin oder erleichtert, wenn ich einsam bin oder Angst habe?
- Kann ich Schmerz und Trauer zulassen? Kann ich mich freuen?
- In welchen Situationen lache oder weine ich?
- Nehme ich die Menschen um mich wahr?
- Weiß ich, wie es meinen Familienangehörigen, meinen Freunden und Nachbarn geht?
- Wie kann ich andere präziser wahrnehmen, ohne meine eigenen Gefühle und Stimmungen in sie hinein zu interpretieren?

Mit dem Wahrnehmen eigener Gefühle und den Gefühlen der Angehörigen, schafft der Berater eine gemeinsame Atmosphäre der Vertrautheit. Indem der Berater etwas von sich erzählt, öffnet er sich und die Angehörigen berichten etwas über ihre eigenen Gefühle.

Herr G. konnte sich erst auf den Berater einlassen, als er merkte, dass sich dieser auf ihn und seine Situation einließ und sich mit ihm auf die Suche machte, wie er seine Zeit mit der Sterbenden einzuteilen hatte.

Ist erst einmal Vertrautheit geschaffen, geht es darum, die Beziehung zu den Angehörigen zu stärken. Dies geschieht in vier miteinander verwobenen Phasen:
1. Phase: Analysieren
2. Phase: Verstehen
3. Phase: Aktion (und Beurteilung)
4. Phase: Den Kontakt beenden

Bedürfnisse analysieren
Das erste Stadium bei der Entwicklung unterstützender Beziehungen ist die Analyse der Bedürfnisse und Ängste von Angehörigen. Dies sollte in einer störungsfreien Atmosphäre geschehen. Derjenige, der die Unterhaltung führt, muss folgende Techniken beherrschen:
– Aktives Zuhören
– Hauptpunkte des Gesprächs erkennen und herausstellen
– Auf Gefühle reagieren.

Aktives Zuhören
Wenn der Berater dem über seine Erfahrungen und Gefühle sprechenden Gesprächspartner seine uneingeschränkte Aufmerksamkeit schenkt, kann er eine empathische, vertrauensvolle Atmosphäre schaffen.

Die Angehörigen möchten nicht immer gleich über ein Problem sprechen, das sie bedrückt, aber manchmal möchten sie ihre Gefühle gegenüber einem einfühlsamen Zuhörer ausdrücken. Es ist sehr wichtig, ihnen dies zu ermöglichen, anstatt sie gleich am Anfang mit zahlreichen Fragen zu bombardieren.

Manches Pflegepersonal muss auf Grund der medizinischen Notwendigkeiten einen Fragekatalog abarbeiten, das gilt aber nicht für den Berater. Wenn Angehörige nicht gehalten werden, genau auf die Fragen der Berater oder der Pflegeperson Auskunft zu geben, stellen sie ihre verschiedenen Probleme häufig ausführlicher dar, was dann dazu beiträgt, geeignete Unterstützungsmaßnahmen einzuleiten.

Hauptpunkte des Gespräches erkennen und herausstellen
Haben die Angehörigen Gelegenheit, sich auszusprechen, erzählen sie von zahlreichen Ängsten oder Problemen. Hier ist es wichtig, die Hauptpunkte des Gespräches zu erkennen und herauszufinden. Offene Fragen führen zu einer offenen, »gebenden« Unterhaltung, bei der Gedanken und Gefühle zum Ausdruck kommen. Fragen, die als Antwort nur ein Ja oder Nein ermöglichen, behindern eine weiterführende Kommunikation. So kann der Berater im Laufe der Unterhaltung den Angehörigen allmählich helfen, sich auf ihre Hauptanliegen zu konzentrieren.

Wenn Angehörige beispielsweise Angst haben, mit der Situation des Sterbens klar zu kommen, können sie gebeten werden, ihre Ängste konkret zu beschreiben.

Nicht selten werden dann Ängste beschrieben, die auch der Sterbende hat: »Ich habe Angst davor, dass er erbricht und dabei erstickt, dass er noch mehr Schmerzen bekommt, dass ich nicht zur rechten Zeit dabei bin, dass ich sein Schreien nicht aushalte, dass ich nicht mit ansehen kann, wie er leidet usw.«

Manche Angehörige haben auch Angst davor, mit der Situation zu Hause nicht zurechtzukommen. Auch hier könnte man sie bitten, konkrete Situationen zu beschreiben, vor denen sie Angst haben. Grundsätzlich gilt: Wenn sich die Hauptsorgen herauskristallisiert haben, kann der Berater diese im zweiten Stadium des Gesprächs näher bearbeiten.

Auf Gefühle reagieren und »mitschwingen«

Sowohl Sterbende als auch ihre Angehörigen empfinden Trauergefühle, d. h. Verleugnung, Angst, Wut und Schuld. Sie möchten Gelegenheit haben, ihre Gefühle auszudrücken und über ihre Schwierigkeiten zu sprechen. Starke negative Gefühle, die nicht ausgedrückt werden, können die Bewältigung einer unheilbaren Krankheit für Patienten und Angehörige nur noch weiter erschweren.

Für die Angehörige ist es daher hilfreich, wenn der Berater so zuhört, dass er sich in ihre Situation einfühlen kann, und den Gefühlen »mitschwingt«. Dieses »Mitschwingen« in der Situation (also Verständnis haben für die Ängste und Sorgen, keine vorschnellen Antworten geben, sich mit den Angehörigen auf die Suche nach gemeinsamen Vergangenheiten mit dem Sterbenden begeben) ermöglichen den Angehörigen das Gefühl, dass der Berater nicht außerhalb ihrer Welt des Leidens steht, sondern mit ihnen mitten drin.

Der Berater ermutigte Herrn G. zu einer Reise in die Vergangenheit und plötzlich sprudelte es aus Herrn G. heraus: die vielen Urlaube, die Geburt der Tochter und der Enkeltochter, der Bau des kleinen Häuschen, die Schwiegereltern, die ihnen das Leben zuerst nicht leicht gemacht hätten, aber später froh gewesen seien, so einen Schwiegersohn zu haben. Mit jeder kleinen Geschichte der Vergangenheit, sie waren meistens positiv besetzt, entspannte sich Herr G., und Frau G. konnte sogar manchmal lächeln. Aber auch bei den Ereignissen, die in seinen Augen weniger angenehm waren, wie zum Beispiel der Verlust des ersten Kindes oder sein Eingeständnis, dass er mit seiner Hektik manchmal die ganze Familie zu Weißglut gebracht hätte, konnte vergebend gelächelt werden.

Für den Berater sollte aber immer die Grenze bewusst sein, die zwischen dem »Mitschwingen« und der notwendigen Distanz verläuft, damit immer wieder auch Interventionen möglich werden, um z.B. den Angehörigen neue Perspektiven zu ermöglichen. Auf diese Weise haben Angehörige Gelegenheit, ihre Gefühle zu äußern, was schon an sich eine Erleichterung sein kann. Außerdem werden sie sich klarer über die Ursachen dieser Gefühle.

5.3.3.2 Im Verständigungsstadium – die Phase des Verstehens
In diesem Stadium sollte der Berater den Angehörigen so gut wie möglich helfen, sich über die Möglichkeiten klar zu werden, ihre Sorgen abzulegen.

Durch das »Mitschwingen« öffnet sich der Berater den Angehörigen, gleichzeitig übernimmt er folgende Aufgaben:
- Gesprächsführung und Leitung
- Verständnis zeigen
- Informationen geben
- Rat erteilen

Gesprächsführung und Leitung
Der Berater lenkt die Aufmerksamkeit auf jene Punkte, die den Angehörigen wichtig zu sein scheinen.

Verständnis zeigen
Der Berater regt die Angehörigen an, ihre Gefühle und ihre Situation besser wahr zu nehmen und zu verstehen. Im Laufe des Dialoges und bei wachsendem gegenseitigem Vertrauen wird es leichter, vertraulichere Fragen zu stellen. Auch Zukunftsfragen brauchen nicht ausgeklammert zu werden, denn gerade darum machen sich die meisten Angehörigen Gedanken. Viele Angehörige sind bereit, darüber zu sprechen, und manche erzählen sogar von Versuchen, Pläne zu machen. Neue Einsichten ermöglichen den Angehörigen aber auch Verhaltensweisen zu erkennen, die ihnen bisher nicht aufgefallen sind.

Einer jungen weiblichen Angehörigen beispielsweise, die dem Pflegepersonal gegenüber kurz angebunden und leicht aggressiv war, fiel plötzlich auf, dass sie deshalb wütend auf die Pflegepersonen war, weil sie ihr die Pflege des geliebten Menschen aus der Hand genommen hatten, und sie sich deshalb unzulänglich und

nicht mehr gebraucht fühlte. Aufgrund dieser neuen Einsicht
wurde ihr langsam klar, dass sie in ihrem Leben immer dann,
wenn es schwierig wurde, mit dem Versuch reagiert hatte, die
Dinge selbstständig in den Griff zu bekommen. Obwohl ihr dies
Sicherheit verschaffte, hat sie damit oft auch andere gegen sich
aufgebracht, ihren sterbenden Ehemann eingeschlossen.

Information geben

Sterbende und ihre Angehörige benötigen in den verschiedenen Stadien der Krankheit Informationen. Allerdings sollte
dies in einer Weise geschehen, die den Betroffenen die Möglichkeit gibt, mit den Informationen optimal umzugehen. Nur
wenn sicher ist, dass die Angehörigen Informationen haben
wollen, sollten diese gegeben werden. Trotzdem sollten die
Angehörigen vorsichtig und kontinuierlich über den Zustand
des Patienten auf dem Laufenden gehalten werden, damit ihre
Ängste verringert werden.

Rat erteilen

Auch wenn in der Bezeichnung »Berater« das Wort »Rat«
steckt, sollten Ratschläge nur mit äußerster Vorsicht erteilt
werden und zwar nur dann, wenn von den Angehörigen darum gebeten wird und erst nachdem die Situation analysiert
worden ist. Angehörige fragen z.B. dann um Rat, wenn sie
eine professionelle Einschätzung der Lage haben wollen und
sich nicht mehr in der Lage sehen, diese selbst vorzunehmen.
So fragen sie den Berater oder das Pflegepersonal häufig:
»Wie lange wird der Leidensweg noch dauern?«

Da niemand den genauen Zeitpunkt bestimmen kann, wann
ein Menschen stirbt, weil Sterben immer ein Prozess ist, kann
es gefährlich sein und das Vertrauensverhältnis zerstörend,
spezielle Ratschläge zu geben, wie zum Beispiel: »Wenn Sie
noch eine Zigarette rauchen wollen, dann tun Sie es jetzt, denn
in den nächsten zwei Stunden tritt der Tod beim Patienten ein.«

Fakt ist, dass der Zustand von Menschen, die sehr krank
erscheinen, sich manchmal verbessern kann, und sie noch
Wochen leben oder dass sich der Zustand rapide verschlech-

tert, und sie vielleicht genau in dem Moment sterben, wenn der Angehörige beschlossen hat, nach Hause zu gehen, um sich auszuruhen.

5.3.3.3 Im Unterstützungsstadium: die Phase der Aktion und Beurteilung

In der dritten Phase der Gespräche werden Handlungsalternativen und die jeweiligen Unterstützungsmöglichkeiten durch weitere Helfer durchleuchtet. Manchmal muss sehr schnell etwas getan werden, weil sich der Angehörige überfordert fühlt oder der Sterbeprozess des Patienten Handlungsbedarf einfordert. Dafür kann die Hilfe des Pflegepersonals erforderlich sein (stationär oder ambulant), dafür kann aber auch ein Hospizdienst von Nöten sein, der neben der Sterbebegleitung die Angehörigen auch in der Trauerbewältigung begleiten kann.

Manchmal müssen Berater aber auch konkrete Maßnahmen planen, um Angehörige vor der Selbstaufgabe zu schützen oder Berater müssen zwischen Angehörigen vermitteln, wenn in einer Familie Kommunikationsprobleme bestehen oder Eltern sich fragen, was sie den Kindern über die unheilbare Krankheit sagen sollen.

Um Herrn Gs. Lebensrhythmus nicht ganz durcheinander zu bringen, erstellten er und der Berater zusammen einen Plan, der ihm die Möglichkeit gab, das Krankenhaus ohne schlechte Gefühle zu verlassen: Nach dem Waschen seiner Frau und dem gemeinsamen Frühstück, verließ Herr G. bis zum Mittagessen das Krankenhaus in der Gewissheit, dass ihn das Stationspersonal über sein Handy informieren würde, wenn es seiner Frau schlechter ginge. Er meldete sich im Stationszimmer ab bzw. wieder an, wenn er wieder zurück war. Zuhause kümmerte er sich um die Wäsche und den Haushalt – oder traf sich mit Freunden in der Stadt. Das Mittagessen nahm er mit seiner Frau ein, solange sie noch schlucken konnte. Später, als sie künstlich ernährt werden musste, kam er zur Mittagszeit und ließ sich vom Krankenhaus »bekochen«.

Hilfreich ist es, wenn der Berater Situationen »voraussehen«
kann, d.h. in der Lage ist, Entwicklungen im Sterbeprozess
richtig einzuschätzen. Gerade in der Finalphase sollte der Berater die Angehörigen nur dann allein lassen, wenn er das Gefühl hat, dass diese der Situation gewachsen sind. Dies richtig
einzuschätzen bedarf einiger Erfahrung.

*Eine Krankenschwester hatte über Monate zusammen mit dem
Berater den Sterbeprozess ihres Mannes begleitet. Obwohl sie
berufsmäßig mit dem Tod zu tun hatte und den Verlauf kannte,
war es ihr wichtig, dass in den letzten Lebensstunden ihres
Mannes der Berater anwesend war.*

Stirbt ein Mensch, so fallen bei den Angehörigen Vergangenheit, Gegenwart und Zukunft zusammen. Dann ist es notwendig, die Angehörigen zu stützen, indem man die Vergangenheit beschreibt (positive Anker setzen), die Gegenwart erfahren lässt (Trauer und Schmerz zulassen) und die Zukunft nur
als vage Möglichkeit thematisiert.

Konkrete Maßnahmen planen
Für manche Angehörige ist es hilfreich, sich schon in einer
früheren Phase darüber Gedanken zu machen, was sie tun
könnten, um bestehende Probleme zu entschärfen, wichtige
Ziele zu erreichen und ihre Lebensqualität zu verbessern.
Hierbei können ihnen die Berater helfen. Wenn ein Patient
beispielsweise ein Testament verfassen will, um die Versorgung seiner Familie zu regeln, die Angehörigen ihn aber nicht
verlassen wollen, dann besorgt der Berater einen Notar. Oder
die Angehörigen möchten am Geburtstag des Patienten oder
am Hochzeitstag eine Feier organisieren und das Pflegepersonal klärt ab, was alles nötig und möglich ist.
    Wenn der Tod des Patienten schon seit Wochen oder Mo-
naten bevorsteht, haben die Angehörigen sich oft schon an
den Gedanken an eine Zukunft ohne den Patienten gewöhnt,
und einige machen schon vorsichtige Pläne für die Zeit danach.

Bei einer langwierigen Krankheit mussten die Angehörigen möglicherweise schon neue Rollen und eine andere Lebensweise erlernen. Sie haben beispielsweise an einen Umzug zu denken, weil sie sich das gemeinsam gebaute Haus nicht mehr leisten können. Einkommensverluste bedeuten auch eine Veränderung der Lebensweise. Wenn die Angehörigen dann zur Beschäftigung mit ihren Bedürfnissen aufgefordert werden und mit dem Berater darüber reden, kann er sie unter Umständen von vorschnellen Entschlüssen abhalten, die sie aus ihrer gegenwärtigen Gefühlssituation heraus treffen und vielleicht später einmal bereuen würden.

Aber manchmal sind Angehörige auch nicht in der Lage, verbindliche Entscheidungen zu treffen oder Pläne zu machen. Dann kann es sein, dass der Berater unterstützend eingreift und zusammen mit ihnen nach Lösungen sucht.

Einige Angehörige aber müssen den Verlust des Patienten erst konkret erfahren, bevor sie an die Aufgabe herangehen, den Verlust zu bewältigen. Da hilft es, wenn der Berater nach Eintritt des Todes nicht gleich die Familie verlässt, sondern man gemeinsam am Bett des Verstorbenen trauert und vorsichtig den Blick nach vorn richtet, auf die allernächsten Schritte wie z.B. welches Bestattungsinstitut informiert werden soll, wie lange der Verstorbenen zu Hause oder in der Klinik verbleiben kann, wann die Bestattung angedacht wird.

Je nachdem in welchen religiösen Bezügen die Angehörigen und ihr Verstorbener gelebt haben, kann dann über eine Aussegnung oder ein Gebet am Totenbett oder (falls der Berater kein Seelsorger ist) über eine weitere Begleitung durch einen kirchlichen Seelsorger gesprochen werden.

Nicht selten wollen Angehörige auch über die Art der Bestattung sprechen. Hinter diesem Thema steht unausgesprochen die Frage nach dem Glauben des Beraters. Es ist hilfreich, wenn der Berater dann eine Position bezieht, die den Angehörigen einerseits Eindeutigkeit vermittelt, ihnen andererseits die Möglichkeit einer freien Entscheidung lässt. Darum sollte sich der Berater in den unterschiedlichen Bestattungsformen und Bestattungsriten auskennen.

Das Angehen dieser ganz praktischen Fragen ist für die Angehörigen wie das Geländer einer Treppe, an dem sie sich festhalten, um die ersten Schritte in ein anderes Leben zu gehen.

Wie viel Unterstützung ist nötig?

Für einige Angehörige mag es ausreichen, wenn sie durch Empathie und Zuhören Unterstützung erfahren, und so ihre Schwierigkeiten besser bewältigen können.

Aber in mancher Beratung haben sich die Probleme, die beim Erstkontakt mit den Angehörigen benannt wurden, im Laufe der Begegnung verändert. Die Analyse der Bedürfnisse und die Unterstützung der Betroffenen müssen daher kontinuierlich erfolgen, um effektiv zu sein. So ist festzustellen, dass am Anfang einer Begegnung die meisten Angehörigen ein Bedürfnis nach Sicherheit haben. Sicherheit setzt Information voraus.

Im weiteren Verlauf der Begegnungen verändert sich die Einstellung. Aus dem Sicherheitsbedürfnis erwächst das Bedürfnis nach Anerkennung und Wertschätzung. Ihm folgt mit drohendem Verlust des Sterbenden das Bedürfnis nach Liebe und Geborgenheit und Begleitung in der Trauer.

Stehen bei den Angehörigen am Anfang in erster Linie die körperlichen Probleme des Sterbenden im Vordergrund, so eröffnen spätere Begegnungen Gespräche über emotionale, familiäre und geistliche Themen.

Liegt in der Pflege immer noch die Betonung auf aktiver Arbeit in der körperlichen Pflege, so haben Berater eine genauso anstrengende Arbeit, die mit der Kommunikation und Unterstützung von Sterbenden und ihren Familien verbunden ist. Dabei setzen die Sterbenden und ihre Angehörigen bisweilen unterschiedliche Prioritäten, sei es bei der Pflege durch das Pflegepersonal oder bei den Beratungsgesprächen.

Manchmal kann es hilfreich sein, wenn der Berater die Kommunikation innerhalb der Familie eines unheilbar kranken Menschen initiiert. Gelingt dies, unterstützen sich die Familienangehören in der Regel viel stärker gegenseitig. Angehörige, die den Eindruck haben, dass sie nicht genügend Unterstützung erhalten, haben in der Regel später mit der Verarbeitung des Verlustes größere Probleme.

Kennt der Berater die Prioritäten der Angehörigen, kann er ihnen helfen, ihre begrenzten Energien so einzusetzen, dass damit eine größtmögliche Wirkung in der kurzen zur Verfügung stehenden Zeit mit dem Patienten erreicht wird.

Neben der Begleitung seiner Frau war es Herrn G. wichtig, sich mit Freunden in der Stadt zu treffen oder sich zu Hause mit dem Haushalt abzulenken. Davon berichtete er dann seiner Frau, wenn er von seinen »Ausflügen« in die Klinik kam. Nach dem gemeinsamen Abendessen wurde dann der Fernseher angeschaltet, so wie es Zuhause auch üblich war. Und damit wurde der Fernsehabend in der Klinik neben den Ritualen des Waschens und gemeinsamen Essens mit der Patientin zu einem wichtigen Punkt in der letzten Lebensgestaltung.

Auf diese Weise bleiben den Angehörigen auch nach dem Tod des Patienten noch einige Erinnerungen, die positiv gefüllt werden können, z.B. »Wir haben bis zuletzt gemeinsam Fernsehen geguckt!«

In Fällen, in denen sich der Patient zurückzieht und nicht mehr mit seiner Familie sprechen kann bzw. will, brauchen die Angehörigen besonders viel Hilfe und Unterstützung, damit sie dies nicht als Zurückweisung ihrer Person verstehen, sondern als Teil des Sterbeprozesses akzeptieren.

Nach dem vermuteten Schlaganfall seiner Frau, hatte Herr G. besonders hohen Gesprächsbedarf mit dem Arzt, dem Pflegepersonal und dem Berater. Immer wieder kreisten seine Gedanken um die Frage: »Wann ist es endlich vorbei?« Denn ihm war seine Frau einerseits ganz nah und dann doch wieder ganz fremd geworden.

Darum muss die Unterstützung und Beratung kontinuierlich

erfolgen, damit alle Bedürfnisse der Angehörigen, aber auch ihrer Patienten, zutage treten können.

Exkurs: Lebensbilanz

An diesem Tag setzte ich mich mit ihm an das Bett seiner Frau, und wir machten eine Reise in die Vergangenheit, denn ich bat Herrn G. von dem zu erzählen, was er und seine Frau früher gern gemeinsam gemacht haben.

Plötzlich sprudelte es aus ihm heraus, die vielen Urlaube, die Geburt der Tochter und der Enkeltochter, der Bau des kleinen Häuschen, die Schwiegereltern, die ihnen das Leben zuerst nicht leicht gemacht hätten, aber später froh gewesen seien, so einen Schwiegersohn zu haben. Mit jeder kleinen Geschichte der Vergangenheit, sie waren meistens positiv besetzt, entspannte sich Herr G., und Frau G. konnte sogar manchmal lächeln. Aber auch bei den Ereignissen, die in seinen Augen weniger angenehm waren, wie zum Beispiel der Verlust des ersten Kindes oder sein Eingeständnis, dass er mit seiner Hektik manchmal die ganze Familie zur Weißglut gebracht hätte, konnte vergebend gelächelt werden. Wenige Tage nach diesem Gespräch fiel Frau G. ins Koma.

Die Erfahrung zeigt, dass Sterbende in den letzten Wochen ihres Lebens versuchen, ihr Leben »rund« zu bekommen. Sie versuchen, Bilanz zu ziehen. Wenn die Angehörigen oder der Berater dies spüren, können sie sich gemeinsam mit dem Sterbenden auf den Weg einer Reise in die Vergangenheit machen. Der Berater kann sich mit den Angehörigen an das Bett des Sterbenden setzen und fragen, wie beide bisher ihr Leben gestaltet haben.

Das ist natürlich nur dort möglich, wo die Betroffenen und Beteiligten sich auf die Sterbesituation einzulassen bereit sind. In manchen Fällen wird dann die Lebensrückschau eine Möglichkeit vertiefter, manchmal sogar neubelebter Kommunikation – selbst dann, wenn der Sterbende nicht mehr voll reagieren kann. Vor dem inneren Auge ziehen die unterschiedlichen Situationen vorbei, die der Angehörige erzählt.

Dabei kann der Berater auch nach Gefühlen fragen, die die beiden Menschen in der damaligen Situation hatten und die sie vielleicht jetzt auch noch bewegen. Die Geschichten verlieren so den Charakter von Anekdoten und es werden Entsprechungen zwischen den verschiedenen Lebenssituationen deutlich, Wendepunkte treten hervor – aber auch Eigenarten wie z.B. die Tendenz, zu vereinsamen oder temperamentvoll über das Ziel zu schießen oder ein Hektiker zu sein. Sowohl Angehöriger und Sterbender entdecken ihre Wesensarten neu und können sie so in einen Einklang bringen.

So erzählte ein sterbender Patient einmal seiner Tochter, dass er immer stolz gewesen sei, auf niemanden angewiesen zu sein – und zugleich darunter gelitten habe, weil ihn das einsam gemacht habe. Er habe sich hinterher selbst nicht ausstehen können, wenn er sich manchmal so abweisend, so herrisch und mürrisch verhalten habe. Solche Äußerungen ermöglichten der Tochter einen unverhofft neuen, emotionalen Zugang zu ihrem Vater. Sie begann nun, sich ganz anders für sein Leben zu interessieren. Und der Sterbende und seine Tochter hatten sich in den letzten Wochen seines Lebens viel zu sagen.

Wenn ein Sterbender seine Lebensbilanz zieht und so gleichzeitig sein Leben rund wird, geschieht dies immer mit emotionaler Beteiligung, mit Schmerz oder Glück, Zorn oder Freude. Wer von seiner Geschichte selbst angerührt ist, der rührt auch andere an – und selbst bekannte Geschichten fangen an, ganz neu zu sprechen. Sterbende und ihre Angehörigen, die sich darauf einlassen, in den Spiegel ihres Lebens zu schauen, geben dem Sterben eine besondere Würde, weil im Abschiednehmen ganz viel Leben spürbar wird.

Bei der Beratung Angehöriger geht es beim Thema Lebensbilanz darum, dass Angehörige und Sterbender in Begleitung eines Beraters ihr gemeinsames Leben noch einmal anschauen und nacherleben, dass sie noch einmal begreifen: Dies war, dies ist unser/mein Leben. Dies war ich, so war mein Partner und so sind wir nun geworden.

In der integrativen Gestalttherapie nach Fritz Perls wird dies als »re-owning«, als ein Wiederaneignen von Lebensanteilen und des Lebensganzen bezeichnet.

Dieses »re-owning« ist aber zugleich auch ein äußerst vielschichtiger Vorgang, sowohl für den Sterbenden als auch für den Begleiter- und zwar deshalb, weil diese Begegnung mit dem Lebenspanorama vielschichtige (emotionale) Wirkungen auslöst bzw. auslösen kann: Der Sterbende ist eigentlich immer selbst tief berührt von all dem, was da in seiner Erinnerung noch einmal an gelebtem und nicht-gelebtem Leben vorüberzieht. Ausgeblendetes meldet sich. Er kommt in Kontakt mit Menschen, die ihm etwas bedeutet haben – vielleicht aber auch mit solchen, die er am liebsten nicht mehr sehen wollte, die aber doch zu ihm gehören. Unversehens wird aus der überschauartigen Rückblende ein Verweilen. Er stockt, hält inne, vielleicht nur, um still für sich Zwiesprache mit dem Erinnerten zu halten und dann wieder weiterzugehen. Vielleicht aber ist das Erlebte derart bedrängend, dass er unbedingt etwas »loswerden« möchte, obwohl es ihm schwer fällt, darüber zu sprechen. Er trauert um das, was ihn schmerzt, was nun vorbei ist. Er ist glücklich über das, was ihn bereichert hat. (Kurt Lückel, 66)

Das alles erlebt der Berater an der Seite der Angehörigen mit. Und es kommt sehr auf sein Gespür an, herauszufinden, wo dichteres Mitgehen oder vertiefendes Intervenieren nötig und weiterführend ist, ja, wo vielleicht das Aufarbeiten eines unerledigten Problems angezeigt und hilfreich wäre. Vor allem aber hat er immer wieder zu klären und zu merken, worauf der andere sich nicht einlassen will. Dies letzte gilt schon für das Angebot einer Lebensbilanz überhaupt. Denn so sehr eine Lebensrückschau anregend und entlastend sein kann – nicht jeder möchte vor anderen oder gar fremden Augen und Ohren sein Leben offen legen. Deshalb sollte der Berater immer erst vorsichtig anfragen, ob die Angehörigen oder der Sterbende überhaupt bereit sind, etwas aus ihrem vergangenen gemeinsamen Leben zu erzählen.

Allerdings öffnet ein gut zuhörender Berater oft schon den Weg für eine Lebensbilanz, weil Angehörige und Sterbende spüren, dass da ein Mensch ist, der sich für ihr Leben interessiert. So gestalten sie ihr Leben noch einmal innerlich nach und machen es rund. Dies oft in Situationen, in denen der Sterbende schon längst zum Betreuungsfall, zum passiven Objekt verurteilt schien, sozusagen eigentlich schon aufgegeben war. Er stellt sich mit seinem Leben noch einmal gestaltend in den Mittelpunkt – im Beisein der Angehörigen oder Freunde oder eben des Beraters. Der Sterbende verschafft damit sich und seinem Leben noch einmal eine besondere Bedeutung. Er kann weit häufiger, als wir landläufig denken und zulassen, selbst Handelnder und Akteur werden, anstatt zum bloßen Objekt von Fremdentscheidungen und funktionalen Abläufen entwürdigt zu werden.

Auch die an ihr Bett gefesselte Frau G. lebte, hatte eine Fähigkeit, sich innerlich zu bewegen, die entdeckt werden wollte: Sie konnte noch denken, empfinden, phantasieren, sich erinnern; dass sie ihr Leben aus der Hand geben muss, das spürt, das erfährt sie. Aber dieses »aus-der-Hand-Geben« wird zu einem Lebensvollzug, sozusagen gelebtes Sterben. Die Lebensrückschau ist dort, wo sie geschieht, stets ein belebendes Element eines aktiv gelebten Sterbens. Zugleich ist dieses »nach-außen-Bringen« des Lebensbildes auch eine Chance – eine Chance für den, der da stirbt und für alle, die persönlich an seinem Sterben Anteil nehmen. Es ist für ihn eine Chance, nun wirklich sein Leben noch einmal vor seinen eigenen und vor den Augen anderer auszubreiten. Er hat es ja nicht allein gelebt. Er war ja auch in seinem Leben immer auf andere bezogen und andere auf ihn. Und nur in diesem Bezogensein hat er seine Identität gefunden. Und so wird er auch im Sterben nur als Mensch mit Bezügen seine Identität finden. Frau G. fiel nur wenige Tage nach der Reise in die Vergangenheit ins Koma.

In der Lebensrückschau des einen, der nun sein Leben abgibt, können sich andere (die selbst darin vorkommen oder Vergleichbares erlebten) wiederfinden. Alle gemeinsam können auf jeden Fall ihr Leben heilsam als endliches Leben begreifen. Dies betrifft die Angehörigen ebenso wie den Berater, denn der Sterbende hat in seinem Sterben auch eine Botschaft für die Zurückbleibenden. Sie begreifen die Endlichkeit ihres

Lebens. Sie spüren: das Vergangene ist erlebbar gegenwärtig – und dennoch nicht verfügbar. Die Gegenwart ist unvertretbar der letzte Akt. Die Zukunft – die Tage, die Wochen, die der Sterbende noch zu leben hat, sind vielleicht schon an einer Hand zu zählen.

In solchen Momenten wird die Beziehung des Sterbenden zu seinen Angehörigen noch einmal zu einer größeren Gemeinsamkeit verdichtet, sodass sich für ihn, aber auch für die anderen sein Leben und sein Sterben in einem anderen Licht zeigen. Von daher kann dieser letzte leidensvolle Lebensabschnitt oft noch einen versöhnlichen Akzent bekommen.

Der Berater kann solche Reisen in die Vergangenheit mit folgenden Fragen einleiten:
– Was haben Sie früher gern gemacht?
– Wie haben Sie früher Ihren Alltag gestaltet?
– Was war in Ihrem Leben bisher das schönste Erlebnis?

Aufbauend auf diese Fragen ermuntert der Berater die Angehörigen und den Sterbenden, davon zu erzählen. In der Regel dauert es nicht lange und das Gespräch vertieft sich. Da wird dann spürbar, was dem Sterbenden und seinen Angehörigen wichtig war. Nicht selten fragen die Angehörigen den Sterbenden: »Weißt du noch, wie das war?« Wenn sich dann der Sterbende daran erinnert und die Angehörigen die Geschichte weiter erzählen, kann der Berater vorsichtig fragen, ob sie sich noch an die Gefühle erinnern, die sie damals hatten. So kann man beide bewegen, noch einmal jene Geschichten zu durchleben, die getragen haben oder aber auch getrennt haben. Denn der Zorn, den der Sterbende nicht geäußert hat, beschäftigt ihn noch lange. Auch der Abschied, den er nicht durchlebt hat, bindet ihn. Die Freude, die er empfunden hat, macht ihn frei. In dem Moment, wo er noch einmal mit den Angehörigen sein Leben aufnimmt und als sein eigenes unverwechselbares Leben erkennt, macht er sich gleichzeitig frei zum Gehen, denn nur was er sich zu eigen gemacht hat, kann er auch loslassen.

Trotzdem sollte der Berater aufmerksam verfolgen, ob der

Sterbende und seine Angehörigen überhaupt an einer Lebensbilanz interessiert sind. Manche Sterbende können sich den Brüchen ihres Lebens nicht stellen, weil es in der letzten Phase zu viel Kraft verlangen würde. Dann bleibt den Angehörigen und dem Berater nichts anderes übrig, als den Weg des Sterbenden so anzunehmen, wie er ihn geht. Vielleicht können sie ihm den annehmenden Satz sagen: »So wie es war, war es sein Leben.« Damit sagen sie dem Sterbenden zu, dass sie sein besonderes individuelles Leben akzeptieren in der Hoffnung, dass er es dann auch tut.

5.3.3.4 Ende des Kontaktes

Die unterstützende Beziehung zwischen einem Berater und den Angehörigen ist logischerweise dann zu Ende, wenn der Patient gestorben ist. Doch in der alltäglichen Arbeit ist festzustellen, dass die Beziehung zu den Angehörigen nicht zu einem so eindeutigen Zeitpunkt beendet ist: Wie am Beginn der Begegnung zwischen Berater und Angehörigen, gibt es auch hier bestimmte Zeitpunkte, zu denen der Kontakt beendet werden kann bzw. beendet werden sollte:

1. Die Angehörigen haben Bedürfnisse, die der Berater nicht befriedigen kann. So können sich z.B. Anzeichen von abnormaler Trauer, wie einer schweren Depression, zeigen oder sie fühlen sich unfähig, ein Leben nach dem Tod des Verstorbenen zu beginnen.
2. Der betroffene Angehörige muss eventuell an eine andere Institution oder Person verwiesen werden, um die nötige Hilfe zu erhalten, z.B. psychotherapeutische oder medizinische Hilfe.
3. Der Berater kann den Kontakt mit den Angehörigen nicht fortsetzen, weil er andere berufliche Verpflichtungen hat. Dann sollte er die Angehörigen an eine andere Institution verweisen. So kann er ihnen beispielsweise empfehlen, sich an die Trauergruppe eines Hospizvereines zu wenden, die sowohl individuelle Hilfsangebote als auch Gruppengespräche anbietet.
4. Der Kontakt kann dann beendet werden, wenn die Ziele

der unterstützenden Beziehung erreicht worden sind. Manchmal wird der Kontakt allmählich beendet. Der Berater sucht die Betroffen weniger häufig auf, wenn der Hinterbliebene selbst besser mit der Situation zurechtkommt. Dies ist in der Gemeindearbeit der Fall.

Es macht die Professionalität eines Beraters aus, den Kontakt zu den Angehörigen so zu beenden, dass diese das Gefühl haben, für einen Zeitraum begleitet und getragen worden zu sein, dass aber mit dem Abschluss dieser Zeit auch die Beratung ihr Ende gefunden hat. Es ist daher sehr wichtig, die Angehörigen in eine Unabhängigkeit zu entlassen.

Und es ist auch für das emotionale Wohlergehen des Beraters und der Pflegepersonen notwendig, dass sie sich nicht als die einzigen Menschen betrachten, die diese Art von Unterstützung leisten können. Es ist deshalb genauso wichtig, eine unterstützende Beziehung zu einem passenden Zeitpunkt zu beenden, wie diese Beziehung anfänglich aufzubauen.

5.4 Supervision des Beraters

Auch ein Berater braucht Unterstützung. Diese kann er erhalten, indem er sich einer Supervisionsgruppe anschließt oder einzelne Supervisionsstunden nimmt. Sie werden häufig von Trägern (Kliniken und Hospizvereinen) oder Institutionen (Kirchen, Diakonischen Werken und Caritas) angeboten. Darüber hinaus gibt es die Möglichkeit, sich bei ambulant tätigen Supervisoren Unterstützung zu holen.

6. Schlussfolgerungen

Angehörige möchten dem Sterbenden auf dessen letzten Lebensweg möglichst viel Gutes tun und letzte Dinge mit ihm regeln oder klären. Nicht selten überfordern sie sich dabei und bleiben auf der Strecke.

Wer Angehörige von sterbenden Menschen begleitet, sollte dabei auf Folgendes achten:

Der Berater ist Mit-Gestalter eines Abschiedsprozesses, in dessen Mittelpunkt die Angehörigen eines Sterbenden stehen. Die aktiv Handelnden bleiben die Angehörigen, der Berater unterstützt sie durch Gespräch und eventuelle Hilfestellung.

Der Berater hat eine positive Einstellung zu sich selbst, erkennt seine eigenen Grenzen und Ohnmächtigkeiten, steht zu ihnen und akzeptiert diese. Dazu gehören die persönliche Einstellung zum eigenen Tod sowie die Fähigkeit den Angehörigen wahrhaftig und echt zu begegnen.

Der Berater schafft Vertrautheit durch Information und Miteinbeziehung der Angehörigen in den Prozess der Sterbebegleitung. Er ist der geduldige Gesprächspartner, der einfühlsam mit aushält.

Der Berater hilft den Angehörigen bei der Vorausplanung des »Was kommt als Nächstes?« Er nimmt ihre Fragen ernst und überlegt mit ihnen gemeinsam, welche Situationen und Ereignisse auf sie zukommen.

Der Berater zollt den Angehörigen uneingeschränkt Anerkennung für ihre Begleitung des Sterbenden. Durch die Anerkennung bekommen die Angehörigen Kraft, sich den Herausforderungen immer wieder neu zu stellen.

Der Berater hat auch dann Verständnis, wenn die Angehörigen den Sterbeprozess nicht mehr aushalten können. Durch gezielte, einfühlsame Fragen lenkt er den Blick in eine offene, aber für die Angehörigen tragende Zukunft.

Der Berater wendet sich den Angehörigen zu, indem er genau beobachtet und zuhört. Er ist bereit, die Einstellungen der Angehörigen zu akzeptieren, ohne eine Wertung abzugeben. Dadurch fühlt sich der Angehörige bei seiner Aufgabe, den Patienten zu begleiten, gestärkt und gestützt.

Der Berater bringt sich mit seinem Wissen und der Kenntnis der Situation ein und sorgt somit für Sicherheit und Entspannung bei den Angehörigen. Sie können sich mit ihren Gefühlen der Angst, Wut, Trauer und Schmerzen anvertrauen.

Der Berater pflegt durch Supervision einen adäquaten Umgang mit den eigenen Gefühlen und bewahrt sich so die Fähigkeit zur Reflexion.

Der Berater ermöglicht Kommunikation. Er ist »Übersetzer«, sowohl zwischen den Angehörigen untereinander, als auch zwischen dem Sterbenden und seinen Angehörigen. Dazu erstellt er ein Angehörigendiagramm, aus dem deutlich wird, wie die Kommunikationsströme am Sterbebett verlaufen.

Je besser sich der Berater in die Situation der Angehörigen hineinfühlen kann, umso leichter fällt die Kommunikation und damit für die Angehörigen die Begleitung des Sterbenden.

Der Berater achtet auf einen adäquaten Umgang mit den Gefühlen der Angehörigen. Er schwingt mit und ist dennoch auf Grund seiner Professionalität außen vor. Er schenkt den Angehörigen das Gefühl der Sicherheit und stärkt sie dadurch in ihren Entscheidungen.

Der Berater gestaltet Abschiedsrituale am Sterbebett und unterstützt die Angehörigen in den ersten Fragen nach dem Tod des Patienten.

Zwischen dem Erstkontakt und dem Abschluss einer Beratung liegen Phasen der Distanz und der Nähe. Der Berater nimmt diese Phasen auf, ohne sie gezielt zu beeinflussen. Er sorgt dafür, dass am Ende einer Sterbebegleitung die Angehörigen das Gefühl haben, in dieser Zeit des Abschiednehmens getragen und geborgen gewesen zu sein.

Analog zu den Menschenrechten schrieb David Kessler das Buch »Die Rechte des Sterbenden«. Ähnlich lassen sich auch Rechte von Angehörigen benennen, die Beratung zu berücksichtigen hat:

– Ich habe das Recht, stets noch hoffen zu dürfen – worauf immer sich diese Hoffnung auch richten mag.

– Ich habe das Recht, Gefühle und Emotionen auf die mir eigene Art und Weise ausdrücken zu dürfen.

– Ich habe das Recht, meine Fragen ehrlich und redlich beantwortet zu bekommen.

– Ich habe das Recht, offen und ausführlich über meine religiösen und/oder spirituellen Erfahrungen zu sprechen, unabhängig davon, was dies für andere bedeutet.

– Ich habe ein Recht darauf, von Menschen begleitet zu werden, die mir Mut machen, anstatt mich mit ihren eigenen Problemen zu belasten.

– Ich habe das Recht, meine Individualität zu bewahren und wegen meiner Entscheidungen nicht verurteilt zu werden, auch wenn diese nicht mit den Einstellungen anderer übereinstimmen sollten.

– Ich habe das Recht, von meiner Familie und für meine Familie Hilfen zu bekommen, damit ich und sie den Tod unseres Patienten annehmen können.

– Ich habe das Recht, meinem Patienten nahe zu sein und zu helfen, ihn medizinisch und pflegerisch zu versorgen, auch wenn es »nur noch« um sein Wohlbefinden geht und nicht mehr um die Heilung von einer Krankheit.

– Ich habe das Recht, dafür zu sorgen, dass mein Patient bis zu seinem Tode wie ein lebendiges menschliches Wesen behandelt wird.

– Ich habe das Recht, in Würde von meinem Patienten Abschied zu nehmen.

– Ich habe das Recht auf Anerkennung meiner seelischen Leistung in der Begleitung meines Patienten.

– Ich habe das Recht, auch nach dem Tod meines Patienten seelsorgerlich begleitet zu werden.

7. Hilfreiche Adressen

Hinweise zur Beratung Angehöriger finden sich bei:

http://home.intergga.ch/schmidt/trauer/sterbende.html
www.inkanet.de
www.krebshilfe.de/blauer_ratgeber.html
www.hospiz.net.de
www.trauernetz.de
www.veid.de
www.schmerzliga.de

Um sich ein schnelles Bild über Krankheiten/Pflege zu machen, empfiehlt sich:
www.wikipedia
www.pflegewiki.de/wiki/Pflege_eines_sterbenden_Menschen
www.pflegewiki.de/Die_rechte_des_Sterbenden
www.forum-schmerz.de
www.schmerzhilfe.de

Unterstützung für den Berater:
www.ekful.de
Evang. Konferenz für Familien- und Lebensberatung e.V.
Fachverband für Psychologische Beratung und Supervision

8. Weiterführende Literatur

Collett, Merrill, Bleibe nahe und tue nichts, Düsseldorf 2000.

Cramer, Barbara, Bist du jetzt ein Engel?, Tübingen 2008.

Depping, Klaus, Altersverwirrte Menschen seelsorgerlich begleiten, Hannover 2000.

Dettwiller, Christa, Zum Sterben will ich nach Hause, Leitfaden für Angehörige, Caritas Verlag 2005.

Deutsches Grünes Kreuz e.V. (Hg.), Starke Schmerzen bewältigen, Marburg 2003.

Ebert, Andreas/Godzik, Peter (Hg.), Verlass mich nicht, wenn ich schwach werde, Handbuch zur Begleitung Schwerkranker und Sterbender, Rissen 1993.

Egan, Gerard, Helfen durch Gespräch, Weinheim/Basel 2001.

Ders., The Skilled Helper, Chicago 2010.

Fassler-Weibel, Peter, Nahe sein in schwerer Zeit – Zur Begleitung von Angehörigen Sterbender, Freiburg/CH 2001.

Hézser, Gabor, Seelsorge mit Angehörigen und Mitbetroffenen in: Michael Klessmann (Hg.), Handbuch der Krankenhausseelsorge, Göttingen ³2008.

Jüngel, Eberhard, Tod. Themen der Theologie, Stuttgart 1971.

Kessler, David, Die Rechte des Sterbenden, Weinheim 1997.

Kränzle, Susanne/Schmid, Ulrike/Seeger, Christa (Hg.), Palliative Care, Berlin/Heidelberg 2006.

Kulbe von Elsevier, Annette, Sterbebegleitung, Hilfe zur Pflege Sterbender, München 2008.

Kübler-Ross, Elisabeth, Interviews mit Sterbenden, München 2001.

Lohse, Timm H., Das Kurzgespräch in Seelsorge und Beratung. Eine methodische Anleitung, Göttingen ³2008.

Lückel, Kurt, Begegnung mit Sterbenden, München 1990.

Luley, Friedrich, Kommunikationshilfen für Angehörige von Sterbenden und Pflegekräfte auf Intensiv, Weinheim 2008.

Otterstedt, Carola, Der nonverbale Dialog, Psychosoziale Begleitung von Sterbenden und Angehörigen, Dortmund 2005.

Dies., Sterbenden Brücken bauen, Freiburg 2001.

Piaget, Jean, Das Weltbild des Kindes, Stuttgart 1978.

Schweidtmann, Werner, Sterbebegleitung – Menschliche Nähe am Krankenbett, Stuttgart 2000.

Specht-Tomann, Monika/Topper, Doris, Bis zuletzt an deiner Seite. Begleitung und Pflege schwerkranker und sterbenden Menschen, München 2008.

Student, Johann-Christoph (Hg.), Sterben, Tod und Trauer. Handbuch für Begleitende, Freiburg 2008.

Ders., Im Himmel welken keine Blumen, Freiburg 2005.

Trillhaas, Wolfgang, Ethik, Berlin 1970.

Ulrich Mack

Handbuch Kinderseelsorge

Die seelsorgerliche Begleitung von Kindern ist eine große Herausforderung. Das Handbuch von Ulrich Mack bietet eine unverzichtbare Hilfe und Unterstützung für alle, die in der Seelsorgearbeit mit Kindern tätig sind.

Was muss man für die Seelsorge mit Kindern wissen? Ulrich Mack gibt in seinem Praxisbuch einen fachlichen Überblick zu den Themen, die in der Seelsorge mit Kindern zentral sind. Dazu gehören grundsätzliche Überlegungen zu kindlichem Glauben und Religiösität, aber auch ganz konkret die seelsorgerliche Begleitung in schwierigen oder schwer erträglichen Situationen. Das Buch baut auf Ulrich Macks eigener langjähriger Erfahrung als Krankenhausseelsorger auf und enthält viele Beispiele aus seiner Praxis, sowie wichtige Kontakt- und Informationsadressen.

Ulrich Mack

Mein Kind hat Krebs

Seelsorge an den Grenzen des Lebens

Ulrich Mack bietet Eltern krebskranker Kinder Begleitung und professionellen Helfern Informationen für ihre Arbeit aus seelsorglicher Sicht.

Die Diagnose »Krebs« stellt alle Betroffenen vor eine Ausnahmesituation. Die Hoffnung ist zu einem Ernstfall des Glaubens geworden. Neben der Angst um den Verlust des Kindes steht spannungsvoll die Hoffnung, dass das Kind wieder gesund wird. Fragen nach dem Sinn des Lebens und des Glaubens rütteln an der eigenen Existenz.

Ulrich Mack wendet sich an die Eltern krebskranker Kinder und das betreuende Fachpersonal. Er möchte in der Auseinandersetzung mit Glaubenskonflikten zu einer Haltung verhelfen, die von einer Grundgeborgenheit in Gott auch sprechen kann, wenn die Therapie zum Abschied wird.

Wenn Sie weiterlesen möchten...

Klaus Kießling (Hg.)

Geistliche Begleitung
Beiträge aus Pastoralpsychologie und Spiritualität

Was ist Geistliche Begleitung? Welche Kompetenzen brauchen Menschen, die Geistliche Begleitung anbieten? Welche aktuellen Entwicklungen zeichnen sich ab? Die Beiträge dieses Bandes geben Antworten.

Geistliche Begleitung ist eine Form von Seelsorge, die in Pastoralpsychologie und Spiritualität einen eigenständigen Platz einnimmt und stark von der Benediktusregel und der Kirchenlehrerin Teresa von Avila inspiriert ist. Geistliche Begleitung ist Wegbegleitung, ist Mitgehen in Treue. Den vielen verschiedenen Facetten der Geistlichen Begleitung widmet sich dieser Band. Dabei finden auch aktuelle Entwicklungen wie Online-Exerzitien, Überlegungen zur Ausbildungssituation der Geistlichen Begleiter sowie ein Projekt zur Begleitung religionsverschiedener Paare Berücksichtigung.

Christiane Burbach (Hg.)

... bis an die Grenze
Hospizarbeit und Palliative Care

Menschen sterben so unterschiedlich, wie sie das Leben unterschiedlich führen. Das stellt sowohl SeelsorgerInnen, PalliativmedizinerInnen, Pflegende, SupervisorInnen und EthikerInnen vor Herausforderungen.

Erfahrungen an der Grenze zwischen Leben und Tod machen nicht nur die Sterbenden, sondern auch die, die sie dabei begleiten, pflegend, behandelnd, koordinierend oder supervidierend. Diese Grenzerfahrungen müssen ausgehalten und verarbeitet werden. Dazu hat das Hospiz- und Palliativwesen hohe Standards der Professionalität entwickelt. Auch wenn vieles durch die Hospizbewegung in den Horizont der Lebenserfahrung zurückgeholt werden konnte, zeigen sich immer neue Facetten des Sterbens und der Sterbebegleitung, die in den Beiträgen dieses Bandes thematisiert werden.

Ulrich H.J. Körtner

Ethik im Krankenhaus
Diakonie – Seelsorge – Medizin

An der Schnittstelle von Medizin und Seelsorge steht die diakonische Ethik vor der Herausforderung, den christlichen Ethos in der Konfrontation mit anderen Ethosformen zu neuer Geltung zu verhelfen.

Ulrich H.J. Körtner entwickelt eine »Krankenhaus-Ethik«, die Praktikern in Krankenhaus und Pflegeheim ein ethisches Fundament bietet.

Neben theologischen Grundlagen von Ethik im Krankenhaus diskutiert Körtner das Verhältnis von Ethik und Seelsorge und die Fragen um die ethische Grundkonzeption, die sich im Umgang mit unserer Endlichkeit, Gebrechlichkeit und Sterblichkeit stellen. Das Buch versteht sich ebenso als Beitrag zur klinischen Ethik wie zur Diskussion über Grundlagen und Aufgaben diakonischer Ethik.

Hans-Günter Heimbrock / Trygve Wyller (Hg.)

Den Anderen wahrnehmen
Fallstudien und Theorien für respektvolles Handeln

Dieser Band fokussiert die für Sozialberufe zentrale Frage: Wie kann man Andere in ihrem Anderssein respektieren, so dass Fürsorgehandeln problematische Disziplinierungsprozesse vermeidet? Fallstudien aus Krankenpflege, Hospizarbeit, Schule, Seelsorge und Sozialarbeit erarbeiten im Rückgriff auf phänomenologische Traditionen von Husserl bis Foucault ethisch gesprächsfähige und berufspraktisch nützliche Perspektiven.

Grundinformationen zu Professionsethik, empirischer Forschung und dem normativen Gewicht von Praxis verorten die Fallarbeit in einen größeren Kontext und regen zum eigenen Weiterforschen an.

Heinz Rüegger

Das eigene Sterben

Auf der Suche nach einer neuen Lebenskunst

Rüegger skizziert Grundlagen einer neuen Lebenskunst im Umgang mit dem eigenen Sterben und bewegt sich damit in einem Feld zwischen Theologie, Philosophie, Palliativmedizin, Gerontologie und Ethik.

Neben einer Auseinandersetzung mit den negativen Todesvorstellungen, die im Westen v.a. von Theologie und Medizin geprägt wurden, erinnert Rüegger an die lange Tradition des Todesgedenkens in der abendländischen Philosophie und der christlichen Religion.

Im Mittelpunkt stehen verschiedene Elemente einer heute neu zu gewinnenden »ars moriendi« als Teil einer umfassenden Lebenskunst: Die Einsicht, dass es zu wahrhaft menschlichem Leben gehört, den Tod nicht zu verdrängen, sondern als Teil des Lebens zu begreifen, hat an Aktualität nichts verloren.

Wolfgang Wiedemann

Keine Angst vor der Seelsorge

Praktische Hilfen für Haupt- und Ehrenamtliche

Was passiert da eigentlich? Was steckt hinter der Geschichte eines Patienten? Hinter dem Gefühlsausbruch oder der Blockade? Wiedemann blickt hinter die Kulissen des Seelsorgealltags.

Von den skurrilsten Begebenheiten, aber auch von Situationen, die den Seelsorger völlig überfordern, erzählt Wiedemann. Er beschreibt »Fälle« aus dem Krankenhausseelsorgealltag und versucht sie über Mechanismen der Psychoanalyse zu »lösen«. Diese entzünden sich an Themen wie Angst, Depression, Burnout, Sexualität und Trauer.

Das Buch ist aus der langjährigen Tätigkeit in Seelsorge und Psychoanalyse erwachsen und wendet sich an alle, die einen unkomplizierten, erfahrungsorientierten und spirituell fundierten Zugang zum Leben der Seele und zur Praxis der Seelsorge suchen.

Volker Drewes

Der Eingriff
Beratung vor und nach einer
Operation

Täglich Leben - Beratung
und Seelsorge
2010. 136 Seiten, kartoniert
ISBN 978-3-525-67007-1

PatientInnen sind oft einsam und hilfebedürftig. Und
auch die, die auf dem Weg in den Operationssaal oder
nach einer Operation begleiten, suchen oft nach Antworten.

Menschen, die in einer solchen Situation einen Berater/
eine Beraterin aufsuchen, wünschen sich Hilfe dabei,
sich auf das Bevorstehende einlassen zu können oder
mit den Folgen eines operativen Eingriffs umzugehen.
Der erfahrene Klinikpfarrer Volker Drewes reflektiert
anhand eines Beispiels Gesprächsabläufe zwischen
PatientIn und BeraterIn und erhellt auch deren theo-
retischen Hintergrund. Das besondere Augenmerk liegt
auf dem Umgang mit Gefühlen und der Umdeutung des
Krankheitsgeschehens.

Vandenhoeck & Ruprecht